JN310828

②

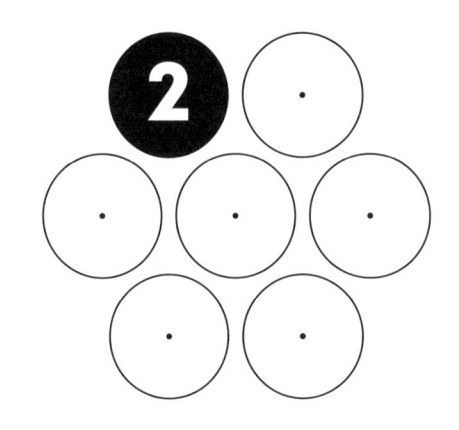

英語コーパス研究シリーズ
コーパスと英語教育
堀正広・赤野一郎 監修
投野由紀夫 編

ひつじ書房

『英語コーパス研究シリーズ』(全 7 巻)

刊行のことば

　英語コーパス学会は 2013 年に 20 周年を迎えた。英語コーパス学会の前身である「英語コーパス研究会」が齊藤俊雄先生(大阪大学名誉教授)を中心にして発足したのは 1993 年 4 月であった。その後発展して、1997 年に「英語コーパス学会」として新たなスタートを切った。初代会長は齊藤俊雄先生で、第 2 代会長今井光規先生、第 3 代会長中村純作先生、第 4 代会長赤野一郎、そして第 5 代会長堀正広と引き継がれてきた。「英語コーパス研究会」が発足した 1990 年代当時は、コンピュータを使った言語研究は始まったばかりであったが、この領域は、今後言語研究の 1 つの大きな柱になることは多くの言語研究者が予感していた。

　その後、パーソナルコンピュータやインターネットの爆発的な普及により、コンピュータを使った言語研究、とくに英語研究は着実に進展していった。現在では、辞書編纂においてだけでなく、英語学、英語教育学、さらには理論言語学の分野においてもコーパス利用は珍しいことではなくなってきた。

　海外の動向に目を向けると、コーパスを使った研究は、現在では英語研究の重要な領域の 1 つとなっている。英語教育、英文法・語法、英語辞書学、英語文体論、英語史等様々な領域においてコーパスを使った研究がなされ、コーパス研究に関連する統計学やコンコーダンサーの開発に関する研究も盛んに行われている。そして、とくに 2010 年以降、Corpus Linguistics というタイトルの研究書や啓蒙書が立て続けに出版され、コーパスを使った研究はますます広がりを見せている。

　このような状況を踏まえて、英語コーパス学会では、学会設立 20 周年にあたって、社会への成果発表と社会貢献の一環として『英語コーパス研究シリーズ』(全 7 巻)を刊行することになった。本シリーズは、日

本における英語コーパス研究の歴史から始まり、英語教育、英文法・語法、英語辞書学、英語文体論、英語史、そしてコーパス研究と関わりのある関連領域を含んでいるので、日本におけるコーパス研究の過去・現在・未来について一望することができる。このような網羅的なコーパス研究シリーズは、日本はもちろんのこと、欧米を含めても世界ではじめての試みである。コーパスをすでに使っている方々だけでなく、英語研究に携わっている方々、英語を教えている方々、そして英語を学習している方々に是非とも手に取っていただき、コーパスについての理解を深めていただきたい。

2015 年 9 月
堀正広・赤野一郎

目次

『英語コーパス研究シリーズ』(全7巻) 刊行のことば ───── iii

I コーパスの英語教育への応用 ───── 001
投野由紀夫

1. はじめに ───── 001
2. コーパスと英語教育　歴史的経緯 ───── 002
3. コーパスと言語教育の理論的な枠組み ───── 006
4. コーパスと英語教育　先行研究と本書の構成 ───── 008
5. まとめ ───── 013

II コーパスと英語学習語彙表 ───── 017
中條清美

1. はじめに ───── 017
2. 第1期の英語学習語彙表 ───── 018
3. 第2期の英語学習語彙表(BNC以降) ───── 024
4. 主要な語彙表の特徴比較 ───── 027
5. 語彙表の活用方法 ───── 033
6. おわりに ───── 036

III コーパスと英語教授 ───── 043
羽山恵

1. コーパスを利用した英語教授方法とそれに関わる変数 ───── 043
2. コーパスの直接利用　DDL ───── 047
3. コーパス準拠の学習教材 ───── 060

IV 学習者コーパス I
海外における英語学習者コーパスの開発と研究 ──── 073
成田真澄

1. はじめに ──── 073
2. 海外の代表的な学習者コーパス ──── 075
3. 学習者コーパスを用いた研究成果の概観 ──── 081
4. 学習者コーパスと『ヨーロッパ言語共通参照枠』(CEFR) ──── 092

V 学習者コーパス II
国内における英語学習者コーパスの開発と研究 ──── 099
石川慎一郎

1. はじめに ──── 099
2. 日本人英語学習者コーパス開発の背景 ──── 099
3. 日本人英語学習者コーパス開発の留意点 ──── 101
4. 日本人英語学習者コーパス開発小史 ──── 107
5. 主な日本人英語学習者コーパス ──── 113
6. 学習者コーパス研究手法の概観 ──── 120
7. おわりに ──── 127

VI コーパスと EAP/ESP 教育 ──── 131
小山由紀江

1. EAP/ESP コーパスの概観 ──── 131
2. ESP/EAP コーパスの具体的な教育への利用方法と効果 ──── 146
3. おわりに ──── 153

VII コーパスと言語テスト
学習者英語の自動分析、コーパスを利用したテストやシステム ———— 157
金子恵美子

1. はじめに ———— 157
2. 英語教育分野でのコーパス活用の歴史 ———— 157
3. テストの信頼性と妥当性 ———— 158
4. 母語話者コーパスの言語テストでの利用 ———— 159
5. 学習者コーパス ———— 161
6. 評価基準と能力記述作成のためのコーパス利用 ———— 164
7. 学習者英語の自動分析と自動採点 ———— 170
8. エラー分析 ———— 172
9. おわりに ———— 174

VIII 教育利用のためのコーパス情報とツールの活用 ———— 181
投野由紀夫

1. はじめに ———— 181
2. 一般的なコーパス検索プログラムでできること ———— 182
3. 汎用コンコーダンサー以外のツール群 ———— 198
4. おわりに ———— 204

執筆者紹介 ———— 207

I

コーパスの英語教育への応用

投野由紀夫

1. はじめに

　コーパスは言語研究の目的のために収集されたテキストの集合体である。通例、研究対象となる母集団を想定して標本抽出がなされ、テキストの代表性が確保されていることが望ましい。さらに近年ではコーパスはほぼ電子化されたテキスト集合体を指す。コーパスの基礎的な概念や定義については本講座の他の巻に譲るが、「コーパスと英語教育」という分野を考えるうえで、コーパスの教育利用がどのような経緯で促進されてきたかに関して歴史的な経緯を知ること、またコーパスの設計基準 (design criteria) とコーパス内に付与する言語注釈づけ (linguistic annotation) によって提供される言語情報を理解しておくことは、コーパスの外国語教育、特に英語教育への応用を考える際に重要である。また英語教育のどのような側面に応用が試みられているのか、先行研究の整理を行う際に、研究デザイン的な観点からの整理をしておくことは有益である。

　本章では、まずコーパスの英語教育への応用の歴史的経緯を概説し、次いで当該分野の研究における理論的な枠組みを提示、最後に本書の全

体構成を紹介しながら各分野の研究や実践の中心課題や現状を概観したい。

2. コーパスと英語教育
歴史的経緯

2.1. 電子化以前

　参照コーパス (reference corpus) としての電子コーパスが本格的に登場するのは 1964 年の Brown Corpus まで待たねばならないが、コーパスと言語教育の接点はそれ以前にさかのぼる。特筆すべきは 1920 〜 40 年代の米国における Thorndike, Lorge らの教育語彙表の作成である。これらは主に米国内の英語母語話者の学校教育用ではあったが、すでに当時紙媒体で総計 1,800 万語規模のテキストを基に 3 万語の語彙頻度表を作成している (Thorndike and Lorge 1944)。また当時アジアで活躍していた英語教育の専門家 (中国で Laurence Faucett、ベンガルで Michael West、日本で Harold E. Palmer が指導に当たっていた) と米国の Thorndike が共同で、カーネギー財団の援助により英語教育のための基礎語彙表の策定が行われ、1936 年に *Interim Report on Vocabulary Selection* として出版されている (cf. 第 2 章)。これについては Palmer が出版の翌年に「学習語彙表の作成にあたっては、客観(Thorndike)、主観(West)、経験(Palmer) の 3 つのうち、どの方法が最適か？」という問いを発しており (Palmer and West 1937: 136)、客観的データと教育的配慮の配合の難しさを表している。

2.2. 　2 つの英米辞典プロジェクトの影響

　その後、大型計算機の普及に伴い 1960 年代には Alphonse Juilland が *The Romance Languages and Their Structures* (Mouton) というシリーズでフランス語、スペイン語、イタリア語のコンピューター解析による頻度辞典を発刊している。そして 1964 年にはあの Brown Corpus が編纂・公開される。その後、米国は Chomsky の影響で言語データを大量に記述的に見る研究は減少してしまうのだが、奇しくもコーパスの教育利用は以下に述べ

る2つの辞典作成の試みを経て現代に受け継がれていく。

　その1つは米国の *The American Heritage School Dictionary* (AHSD) である。Brown Corpus の編者の一人である Henry Kučera の助言を受け、American Heritage では社内で500万語の American Heritage Intermediate Corpus (AHIC) を構築した。これは小中学生向けの AHSD 作成のために、米国の小学3年から中学3年までの7学年の教科書・教材約1,000点から500語ずつ約1万サンプルを収集したテキストを基にしたコーパスであった。語彙分析は当時 Educational Testing Service (ETS) の研究員だった心理測定 (psychometric) の分野の第一人者 John B. Carroll が中心となって行われた。1971年に出版された *The American Heritage Word Frequency Book* は生成文法が隆盛を極める米国でのコーパス研究の金字塔と言える。

　そしてもう1つが英国の COBUILD プロジェクトである。それより前、1970–76年の間に、Brown Corpus のもう一人の編者である Nelson Francis と当時 Lancaster 大学の教授だった Bryan Higman が Brown Corpus に比較し得るイギリス英語コーパスの構築プロジェクトを立ち上げ、当時 Lancaster 大学に赴任したばかりの Geoffrey Leech、Oslo 大学の Stig Johansson、Bergen 大学の Jostein Hauge (実際のコンピューター処理は Knut Hofland が行った) を中心にその3つの機関の頭文字をとった Lancaster-Oslo-Bergen (LOB) Corpus が構築される。実はこのコーパス構築を支援した中に辞典出版社の Longman があったのはあまり知られていない。Longman はその後 Geoffrey Leech を中心に Longman Lancaster Corpus という2000万語規模の巨大コーパスを1980年代前半までに完成させる。当時すでに *Longman Dictionary of Contemporary English* (LDOCE) の初版が1978年に出版され、Oxford の専売特許だった学習英英辞典の市場に LDOCE は大変なインパクトを与えた。その商業的成功により、Longman 社は英語語法調査 (Survey of English Usage) の結果とコーパス分析を反映させた辞典編纂のグレードアップを目論んでいたのである。

　ところが、それよりも一歩先に Birmingham 大学で John Sinclair と当時の Collins 社が COBUILD プロジェクトを立ち上げ、Longman Lancaster Corpus とほぼ同規模の Birmingham Corpus をもとに1987年に *The Collins*

COBUILD English Dictionary (COBUILD) を出版する。Jeremy Clear が計算機によるコーパス検索システムを設計、自然言語処理の Ken Church とレキシコグラファーの Patrick Hanks が共同で、大量データからコロケーション・パターンを抽出する MI-score, T-score という統計値が考案されたのもこのプロジェクトが機縁であった。このプロジェクトからは Patrick Hanks 以外にも Gwyneth Fox, Michael Rundell (後の LDOCE3、*Macmillan English Dictionary* の編集主幹)、Rosamund Moon などのその後のコーパス辞書学の中核を担う研究者が辞典編纂者として出発している。

皮肉なことに COBUILD 出版の年に LDOCE は改訂2版を出しているが、まだコーパス利用までには至っていなかった。COBUILD は全用例を実際のコーパス・データから採取し、語義の配列を思い切って頻度順とし、語義もコンコーダンス・ラインを観察して新たな形と意味を折衷したような語義区分も積極的に設けるなど、新しいコーパス分析結果を反映させた辞書記述で英語研究者や教師を驚かせた。大変素晴らしい内容の辞書であった。

そしてこの後、COBUILD の大成功で、英英学習辞典市場はコーパス利用へと急速に舵を切ることになる。John Sinclair の妹で Oxford の辞典編纂者であった Sue Atkins が Longman 社の LDOCE の編集責任者だった Della Summers および COBUILD プロジェクトから Longman 社にヘッドハンティングされた Michael Rundell の協力で、Oxford 大学、Lancaster 大学を巻き込んで British National Corpus (BNC) の編纂に取り組む。一方、コーパス構築では後発だった Cambridge University Press は独自のコーパスを社内用に構築して 1995 年には *Cambridge International Dictionary of English* (CIDE) が刊行される。そしてこの 1995 年は、CIDE, *Oxford Advanced Learner's Dictionary* (OALD), LDOCE3, COBUILD2 の4つの学習英英辞典がすべて全面的にコーパス準拠 (corpus-based) を謳い改訂 (または初版刊行) された記念すべき年となったのであった。

2.3. ICAME そして TALC の誕生

言語教育とコーパスを考える際に2つの大きな国際会議の存在を無視

できない。それが ICAME と TALC である。LOB Corpus の整備を進める中で、1977 年 2 月、ICAME (International Computer Archive of Modern and Medieval English) という英語コーパスの配布機関がオスロで設立された。実態は英国内でなかなか進展が見られなかった LOB Corpus の採録テキストの著作権許諾作業のために設立された国際組織であった。その後、ICAME は Brown, LOB, London-Lund Corpus の 3 つのコーパスの配布機関としてスタートし、さらにコーパス言語学の最初の国際学会として 1979 年ベルゲンで第 1 回会議を開催。10 カ国から 37 名の参加者があった (Leech and Johansson 2009)。ICAME は徐々に国際的に認知されるようになり、100 万語の英語変種コーパスが続々と産み出されることになり、それらを用いた比較研究が 1980 〜 90 年代に盛んに行われることになる。主要なコーパスは現在 ICAME Corpus Collection という形で ICAME のサイト (http://icame.uib.no/) から購入することができる。

　1980 〜 90 年代、前述の英英学習辞典におけるコーパス活用によって、徐々に言語教育分野におけるコーパス利用の可能性に関して ICAME の参加者の中で関心が高まり、1994 年、Lancaster 大学で最初の独立した言語教育とコーパスの国際会議 Teaching and Language Corpora (TALC) が開催され、それ以後 2 年に 1 度実施されて今日に至っている。また、この会議を契機に Wilson and McEnery (1994), Botley, Glass, McEnery and Wilson (1996), Kettemann and Marko (2002) などの大会予稿集の刊行、Whichmann, Fligelstone, McEnery and Knowles (1997), Burnard and McEnery (2000), Aston, Bernardini and Stewart (2004), Hidalgo, Quereda and Santana (2007), Frankenberg-Garcia, Aston and Flowerdew (2012), Thomas and Boulton (2012) などの主要論文集の出版など、コーパスの言語教育への応用に関する論考も出版が盛んになっていく。

2.4.　世界的な拡がり

　TALC の開催によって世界中のコーパス言語学者と外国語教育に携わる研究者が交流の機会を持つようになる。本書でも取り上げる学習者コーパス研究もこの頃が揺籃期であり、Sylviane Granger を中心とした国

際プロジェクト International Corpus of Learner English (ICLE) の発足もほぼ同時期である。TALC の開催を受けて、米国では American Association for Corpus Linguistics (AACL)[1] が 1999 年に Michigan 大学で第 1 回の会議を開き、その後隔年で学会を開催している。日本でも 1993 年に「英語コーパス研究会」が設立され、これがその後 1997 年に「英語コーパス学会」と名称変更されて今に至る。最初は英語史、語法・文法の分野が中心であったが、2000 年以降急速に言語教育への応用に関する発表や論文が増加し、現在では半分以上が教育への応用分野であると言っても過言ではない。2012 年に Asia Pan Pacific Corpus Linguistics Conference が Auckland 大学で開催されたのを機に、アジア地域でもコーパス言語学の定期的な国際大会が催されるようになり、その中心的な課題もやはりコーパスと言語教育の応用分野が占めている。同様の流れは自然言語処理の分野でも顕著になってきており、特にこの数年は学習者の書いた文書と母語話者の文書の違いを母語ごとの言語特徴をもとに推測するような研究や、英作文の言語特徴をもとに自動採点や自動添削を試みる研究などが盛んに行われるようになってきている。

3. コーパスと言語教育の理論的な枠組み

コーパスと言語教育の関係を論じたものとしては海外では Leech (1997) が原典ともいわれる論考であり、最近では Römer (2006) がよく引用される。国内では投野 (2003, 2005)、石川 (2008) などがある。コーパスの言語教育への応用を考える際に重要な観点としては表 1 が挙げられる。

利用モードの 3 つの領域は Leech (1997) によって提唱された区分である。これに投野 (2003) ではコーパス情報、学習者要因という軸を加えて理論的な枠組を多因子 (multi-factorial) のモデルとして捉えることが重要である、という指摘を行った。

たとえば、コーパスの利用モードは直接利用か間接利用か、その際にどのようなコーパス情報に関してその特徴や教授効果を検討するのか、

表1. コーパスと言語教育の応用を考える際の観点

観点	領域	具体例
利用モード	直接利用	● 教室内利用：データ駆動型学習(DDL) ● 教員研修
	間接利用	● 資料：学習語彙表 ● 教材：辞書、文法書、教科書など ● シラバス・カリキュラム ● 言語テスト ● CALL システム
	教育用 コーパス作成	● 学習者コーパス ● ESP/EAP コーパス ● 難易度調整済みコーパス
コーパス情報	語彙	語彙統計(頻度、分布)、コロケーション、分野別キーワード、など
	統語	品詞、品詞連鎖、構文解析(係り受け)、コリゲーション、動詞下位範疇化、名詞句の長さ・複雑さ、など
	談話	文の結束性、一貫性、談話標識など
学習者	外的	学習環境：EFL vs. ESL；教員の指導能力、IT スキル、学校の IT インフラなど
		学習形態：集団 vs. 個別、など
	内的	認知的：認知・学習スタイル、年齢、母語、外国語の習得レベル、適性、など
		情意的：動機付け、性格、ニーズ、など

さらに対象となる学習者の外的(環境)・内的(認知・情意的)要因との相互関係を注目しながら効果を検討しなければならない。一例として「コンコーダンスを使った文法の帰納的学習の効果」というテーマで考えると、変数処理は以下のようになる。

(1)　　利用モード：[直接利用]
　　　　コーパス情報：[コンコーダンス]
　　　　学習者：[年齢／習得レベル／母語／学習環境／ etc.]

この際も、コンコーダンスをどのように直接利用で提示するのか、と

いったタスクの問題やコンコーダンスを提示することで学習者の中にどのような知識の変容が起きるのか、といったコーパスが与える言語情報の厳密な定義の問題などが明確にされなければならないが、少なくとも効果検証を行う枠組ははっきりと見える形で提示できる。

　しかしながら現状では、コーパスの英語教育への応用は効果研究まで着実に視野に入れて行っている研究がまだ数が多くなく、コーパスの教育利用の提案やシステム・教材の具体案を示すだけのものが大多数である。実際のコーパスと言語教育の関係を多因子モデルでとらえようとする見方はまだ十分根付いていない。しかし、本格的にコーパスの言語教育への効果研究を実証的に行っていく際には上記のモデル化や変数の精密な定義は避けて通れない問題である。次節では本書の構成をこの多因子モデルに則って説明する。

4．コーパスと英語教育
先行研究と本書の構成

　本書で扱っている主要な研究分野は以下の通りである。

(2) a.　コーパスと英語学習語彙表　　　（第 2 章：中條清美）
　　b.　コーパスと英語教授　　　　　　（第 3 章：羽山恵）
　　c.　学習者コーパス：海外　　　　　（第 4 章：成田真澄）
　　d.　学習者コーパス：国内　　　　　（第 5 章：石川慎一郎）
　　e.　コーパスと EAP/ESP 教育　　　（第 6 章：小山由紀江）
　　f.　コーパスと言語テスト　　　　　（第 7 章：金子恵美子）
　　g.　言語教育とコーパス・ツール　　（第 8 章：投野由紀夫）

これらの 1 つ 1 つの分野の詳細は各章に譲るとして、各分野の概要を前述の多因子モデルに当てはめて説明しておく。

4.1. コーパスと英語学習語彙表

学習語彙表は、以下のような因子の組み合わせで考えられる。

(3) 　　利用モード：［間接利用］
　　　　コーパス情報：［語彙統計（頻度 & 分布）］
　　　　学習者：［学習レベル／母語／学習環境／ etc.］

語彙表の研究で最も重要なのは、語彙統計をどのようなコーパスに基づいて求めるか、という語彙表の基準となったコーパスの「中身」の議論である。これが語彙表の利用対象となる学習者を勘案して決定されるのが望ましい。たとえば、小学校英語の語彙表を作るのに、British National Corpus をそのまま使った語彙表では成人の母語話者の使用頻度をベースに議論することとなり問題がある。また学習者の学習環境、当該国の外国語教育政策などの外的要因が語彙表作成や利用環境に影響を及ぼすかも知れない。こういった観点を多面的に見ながら、それぞれの語彙表の作成目的に照らして評価が行われるべきである。第 2 章では主要な英語学習語彙表の研究を整理する。

4.2. コーパスと英語教授

英語教授はある意味で表 1 の項目のすべての側面を広範囲に含むと言っても過言ではない。特に第 3 章では本章の枠組よりもさらに詳しいコーパスの教育利用における変数の整理を試みている。コーパス利用による教育効果を測定する時には表 1 の枠組で多因子のモデルを検証することが現実の教育環境を反映しており望ましい。たとえば、教室内において実際に大量の英語用例に触れさせることでコロケーション知識を身につけさせ、ライティング能力を向上させる、と仮定した場合、以下のような変数モデルを考える。

(4) 　　利用モード：［直接利用］
　　　　コーパス情報：コロケーション（用例＋コロケーション・リスト）

学習者：[任意の外的＆内的要因／ライティング・スキル]

　ここでは「任意の」と書いたが、学習者の定義部分が最も広範囲で難しい。コーパスからのコロケーション情報をどういう学習段階の学習者に提示するのが望ましいか、に関しては現行のほとんどの海外の先行研究は中・上級レベルのみを扱っており、日本のような初級レベルの学習者が圧倒的多数を占める環境では、効果をそのまま期待できない。また効果検証を行うタスクであるライティング活動自体も学習段階によってタスクの内容が大きく異なるため、先行研究で取り扱われている上級レベルのライティングの効果をそのまま日本のライティング指導に適応できるかは検証の余地がある。

　さらにデータ駆動型学習 (DDL: Data Driven Learning) と言っても、その定義が不明確なことが多い。コーパス情報の観点からは、実際のコーパス・データをパソコン上で検索させた場合と教材として加工してプリントなどで配った場合との提示する情報の質や量に関して明確な違いを定義して実験を行っている研究は少ない。また学習者自身によるコーパス・ソフトの操作に関する習熟度が影響するコーパス情報とは何かに関する綿密な議論はあまりなされているとは言えない。DDL に関する実証研究は最近多くの先行研究のメタ分析の論文が出始めており、ようやく問題点の明確化がされてきたばかりと言えよう。

4.3.　学習者コーパス研究

　学習者コーパス (learner corpus) は Leech (1997) の論文中では、直接利用、間接利用に次ぐ第 3 の領域「教育用コーパス構築」というカテゴリーに分類されていた (表 1 参照)。つまりコーパスを教育に利用するというよりも、学習者の中間言語の産出データをコーパス化することにより学習プロセスの理解を深めることが目的となる。学習者コーパスはその構築目的によって設計基準が明確である必要があり、海外・国内でも多数の学習者コーパスが存在する。本書では第 4 章で海外、第 5 章で国内の主要学習者コーパスを概観し、その特徴と先行研究のまとめを行っている。

学習者コーパスの研究で現在最も問題になっている点の1つは、母語話者コーパスと比べて過剰使用 (overuse)、過少使用 (underuse) ということを論文で述べることが頻繁にあるのだが、本来、使用が過剰・過小かを主張するためには、同一の比較可能な環境下での言語事象の生起頻度について述べなければならないのに、現状ではその言語現象の発生環境に関する定義が不明確な研究が多い点である (Gries and Deshors 2014)。これは表1で言うところの、コーパス情報（コーパスから観察する当該言語事象）に関する言語学・言語習得的な理解が不十分な場合によく起こる。単純に文法や語彙の項目を頻度調査して安易な比較を行ってしまう研究が後を絶たない。さらに、その頻度の差を説明する学習者要因などの変数を多因子でモデル化した研究が少ないため、どうしても因果関係を述べるには不十分な仮説検証モデルが目立つ、という反省点がある。第4, 5章では現状をまとめつつ、今後の研究の進展に期待したい。

4.4.　ESP/EAP コーパス研究

　第6章は表1の「利用モード：教育用コーパス作成」に属する、もう1つの非常に研究が盛んな分野、ESP/EAP コーパスについて扱う。コーパス言語学は Brown, LOB, BNC などの標準コーパスの構築と同時に各分野の特殊コーパスの構築が盛んに行われるようになり、2000年代は特殊コーパス構築が中心となった。その中でも ESP の分野は話し言葉コーパス、パラレルコーパス、学習者コーパスと並んで最も研究開発が盛んに行われた分野である。

　設計基準としては、ESP のどの分野（医学、法律、科学技術など）を対象としているか、その分野の代表的なテキストをどういった内容（たとえばバイオテクノロジー）、レベル（研究者、大学院生、学部教養、一般大衆など）、テキスト・タイプ（論文、教科書、一般向けの啓蒙書など）で選ぶかといった標本抽出 (sampling) と代表性 (representativeness) の問題が生じる。海外では EAP として大学教養レベルの講義を多分野で収集した話し言葉の EAP コーパス（例：MICASE, BASE など）が有名である。これらはたいてい同じレベルの大学生が書いた分野別エッセイデータと

比較対照できる設計になっている(例：MICUSP, BAWE)。表 1 の多因子モデルに則って考えると、ESP/EAP コーパスの教育利用も、コーパス構築・公開という言語資源提供に関する研究が多く、それを具体的にどう使ってどのような成果が出たか、と言う点に関してはあまり論文が多くないのが現状である。

4.5. 言語テスト

言語テストは表 1 では以下のような区分となろう。

(5)　　利用モード：[間接利用]
　　　　コーパス情報：[4 技能テストのどの側面かによる]
　　　　学習者：[テスト対象の被験者の属性による]

コーパスと言語テストは 2000 年までは Alderson (1996) がほぼ唯一の論考であったが、その後 10 年で特に米国 Educational Testing Service (ETS) を中心とした自動作文採点 (automated essay scoring) の分野において大量の作文コーパスからのさまざまな言語特徴が作文のスコア判定に利用されるようになった (Shermis and Burstein 2003; Attali and Burstein 2006; Leacock, Chodorow, Gamon and Tetreault 2010)。詳細は第 7 章に譲るが、現在、日本における英語能力検定試験で 4 技能測定の必要性が高まっていることを勘案すると、最も注目を集める研究分野の 1 つである、と言えよう。

またコーパスはヨーロッパ言語共通参照枠 (CEFR) との関連でも利用が活発になってきている。CEFR レベルの学習者が産出した会話・作文データから CEFR レベル (A1 ～ C2 の 6 段階) の基準特性 (criterial feature) をコーパス分析で抽出しようとするプロジェクトとして Hawkins and Filipović (2012)、また投野 (2013) などがある。言語テストや評価の分野では、学習者データのマイニングという発想が急速に注目を集めている。いわゆるビッグデータの活用という視点から、テスト会社がためている大量の学習者データからの知見を新しいテスト開発に活かそうという試みである。そのためには上記のようなテキスト特徴と英語到達度レ

ベルの関連を研究する以外に、文法問題などの一連の回答をもとに、問題間の連関モデルを構築するなど、さまざまな可能性が考えられる。コーパスとして会話データを蓄積・分析することが言語テスト開発、特にスピーキング・テストの自動採点の研究のために急務となってきている。

4.6. 言語教育とコーパス検索ツール

　教育用のコーパス構築は重要な研究分野だが、同時に教育用のコーパス検索ツールやインタフェースの提供という課題も無視できない。表1で言えば、直接利用でコーパス情報の部分をどうユーザーに提示するか、という問題と密接に関連する。同様に、間接利用の場合は、教材などに活かせるコーパス情報をどういう言語処理を行って抽出するのか、という問題とも言えよう。特に最近はコーパスをオンラインのデータベース形式で公開する研究者が増えており、その場合コーパスと検索ツールは表裏一体である。また一般のコーパス言語学者と違って、外国語教師や学習者はツールに対する前提知識や詳しい統計の見方などはわからない場合が多い。そのようなユーザー対象にどの程度のコーパス情報をどういうインタフェースで提示すれば良いのか、今後のコーパスの教育現場での普及に合わせてこういったユーザー・インタフェースの改善も重要な分野となろう。

5. まとめ

　コーパス言語学は言語教育や第二言語習得研究の分野へどのような貢献ができるであろうか？　この一般的な問いに関してはすでにコーパス準拠の学習辞典などの教材作成の分野では一定の成果を挙げていると言えるかもしれない。しかし問題の本質はそんなに単純ではない。それらのコーパス準拠の学習教材を使った場合の方が使わない場合に比べて本当に学習効果があるのか、あるとすればどのような点に関してなのか、についての実証的研究は極めて少ない。商業的には教材が売れればそれ

でよいわけだが、経験科学としてはコーパスの言語教育における効果が実証されるべきだし、そういった研究を行っていかないと既存の外国語指導法や教材開発との差別化ができない。

　さらに、もしコーパスからの情報が辞典や文法書、教科書に組み込まれて学習者に提供できるとした場合、オンラインによるコーパス検索で得られた情報のメリットは、他の媒体以上にあるのか、ないのか？　これは DDL をどのようなモードで行うか、という問いと関連している。当然、ユーザーが翻訳家や言語学を研究する大学生・大学院生などの英語上級学習者(使用者)であれば、直接コーパス検索をするメリットは言わずもがなであろうが、一般の語学学習のレベルで見た場合に、何をどこまでどういう媒体で提供すべきか、という議論は案外奥が深い。そしてコーパス情報を用いた場合と用いなかった場合とで何がどう違うのかを明確に定義できないと、既存の言語情報との効果の違いが明確に検証できない。このあたりのコーパスが提供する言語情報の定義の問題は案外海外の研究でも置き去りにされている点である。

　これらすべてに一度に答えることはできないが、本書で紹介する各領域に於いて、上述のコーパスと言語教育の多因子モデルを想定して明確な変数定義と因果関係モデルを構築した上で実証的なデータを採取し、因果関係の検証を積み重ねていけば、コーパス情報と言語教育の関係はより明確になっていくことであろう。その知見を基に、新たなコーパス開発、アノテーションの方法の開発、タスクや教材の開発とその効果検証、そして改善、という PDCA サイクルとして教育研究現場で根付いていけば、コーパス利用は単に新規性があるというだけでない、真に効果のあるアプローチとして根付いていくに違いない。

注

1. TALC98 に参加したミシガン大学の Rita Simpson が呼びかけて北米応用コーパス言語学会 (North American Association for Applied Corpus Linguistics) として開催されたが、後に現在の名称に変更した。

投野由紀夫

参考文献

Alderson, Charles. (1996) Do corpora have a role in language assessment? Jenny Thomas, and Mick Short. (eds.) *Using Corpora for Language Research*, pp.248–259. Harlow: Longman.

Aston, Guy, Syvia Bernardini and Dominic Stewart. (2004) *Corpora and Language Learners*. Amsterdam: John Benjamins.

Attali, Yigal and Jill Burstein. (2006) *Automated essay scoring with e-rater R v. 2*. Research report. Educational Testing Service.

Botley, Simon P., Julia Glass, Tony McEnery and Andrew Wilson. (eds.)(1996) *Proceedings of Teaching and Language Corpora 1996*. UCREL Technical Papers 9. UCREL, Lancaster University.

Burnard, Lou and Tony McEnery. (eds.)(2000) *Rethinking Language Pedagogy from a Corpus Perspective*. Frankfurt: Peter Lang.

Frankenberg-Garcia, Ana, Guy Aston and Lynne Flowerdew. (eds)(2012) *New Trends in Corpora and Language Learning*. London: Continuum.

Gries, Stefan Th. and Sandra C. Deshors. (2014) Using Regressions to Explore Deviations between Corpus Data and a Standard/Target: Two Suggestions. *Corpora* 9(1): 109–136.

Hawkins, John A. and Luna Filipović. (2012) *Criterial Features in L2 English: Specifying the Reference Levels of the Common European Framework*. Cambridge: Cambridge University Press.

Hidalgo, Encarnacion, Luis Quereda and Juan Santana. (2007) *Corpora in the Foreign Language Classroom*. Amsterdam: Rodopi.

石川慎一郎(2008)『コーパスと言語教育－データとしてのテクスト』大修館書店.

Kettemann, Bernhard and Georg Marko. (eds.)(2002) *Teaching and Learning by Doing Corpus Analysis. Proceedings of the Fourth International Conference on Teaching and Language Corpora, Graz 19–24 July, 2000*. Amsterdam: Rodopi.

Leacock, Claudia, Martin Chodorow, Michael Gamon, and Joel Tetreault. (2010) Automated Grammatical Error Detection for Language Learners. *Synthesis Lectures on Human Language Technologies* 3(1): 1–134.

Leech, Geoffrey. (1997) Teaching and Language Corpora: a Convergence. Anne Wichmann, Steven Fligelstone, Tony McEnery and Gerry Knowles. (1997) *Teaching and Language Corpora*, pp.1–23. London: Longman.

Leech, Geoffrey and Stig Johansson. (2009) The Coming of ICAME. *ICAME Journal* 33: 5–20.

Palmer, Harold E. and Michael West. (1937) Discussion: Word Frequencies. *Modern Languages* XVIII (March, 1937), pp.136–138.

Römer, Ute. (2006) Pedagogical Applications of Corpora: Some Reflections on the Current Scope and a Wish List for Future Developments. *Zeitschrift für Anglistik und Amerikanistik* 54(2): 212–134.

Shermis, Mark D. and Jill C. Burstein. (2003) *Automated Essay Scoring: A Cross-Disciplinary Perspective*.

London: Routledge.

Thomas, James and Alex Boulton. (eds)(2012) *Input, Process and Product: Developments in Teaching and Language Corpora*. Brno: Masaryk University Press.

Thorndike, Edward L. and Irving Lorge. (1944) *The Teacher's Word Book of 30,000 Words*. New York: Teachers College, Columbia University.

投野由紀夫(2003)「コーパスを英語教育に生かす」『英語コーパス研究』10: 249–264.

投野由紀夫(2005)「教材とコーパス」中村純作・堀田秀吾(編)『コーパスと英語教育の接点』pp.3–19. 松柏社.

投野由紀夫(編)(2013)『新しい英語到達度指標 CEFR-J ガイドブック』大修館書店.

Wichmann, Anne, Steven Fligelstone, Tony McEnery and Gerry Knowles. (1997) *Teaching and Language Corpora*. London: Longman.

Wilson, Andrew, and Tony McEnery. (eds.)(1994) *Corpora in Language Education and Research: A Selection of Papers from TALC94*. UCREL Technical Papers 4. UCREL, Lancaster University.

II

コーパスと英語学習語彙表

中條清美

1. はじめに

　英語教育において、学習語彙表はシラバスや教材の根幹をなすため、電子コーパスが普及する以前から多くの学習語彙表が作成されていた。学習語彙表あるいは語彙表は、英語学習のために一定の基準に基づいて語数を制限して選定された語彙である。

　英語学習語彙表の開発の時期を British National Corpus (BNC) が EU 圏以外にも公開された 2000 年を境として 2 期に分け、BNC より前を第 1 期、BNC 以降を第 2 期とする。第 1 期には、Edward Lee Thorndike や Michael West など、手作業で実施した語彙調査に基づいて、多くのユニークな英語学習語彙表が発表された。1964 年には世界最初の 100 万語の電子コーパス Brown Corpus が誕生し、電子コーパス時代に入った。第 2 期は、テキスト電子化環境の改善に伴って BNC をはじめとする数億語単位のコーパスの構築が可能となり、コーパスサイズが大規模化した時代である[1]。

　第 2 節では第 1 期に、第 3 節では第 2 期に開発された英語学習語彙表

をそれぞれ概観する。第 4 節で現在使われている主要なコーパス準拠の語彙表の特徴を比較し、第 5 節で語彙表の活用について述べる。

2. 第 1 期の英語学習語彙表

英語教育における語彙選定 (vocabulary selection, vocabulary control) は 1920 年代に始まった。多様な選定基準が考案されて英語学習語彙表 (主に基本語彙[2]) が作成された。第 1 期の学習語彙表の多くは、高頻度語の選定を目的とする語彙調査に基づいて開発された。本節では、まず第 1 期の語彙調査について概観した後、学習語彙表について述べる。

2.1. 語彙調査

2.1.1. 書き言葉の語彙調査

最初に英語の語彙調査を正確に行ったのは Eldridge (1911) と言われる。彼は "The first essential for the introduction of a limited universal vocabulary is a knowledge as to what words occur the most frequently in ordinary use." (Eldridge 1911 (Fries and Traver 1950: 5)) と述べ、学習語彙表の選定基準としての頻度とその調査の重要性を指摘した。以来、「最も頻繁に現われる語こそ、学習者の最も出会いそうな語」(マッケイ 1979: 194) と考えられて、語の出現頻度を求めてさまざまな語彙調査が行われた。

初期の語彙調査の多くは母語話者の教育の用に供する目的で実施された。まず、スペリング指導の資料を得るために手紙や作文を対象とした調査が行われた (cf. Andersen 1921, Horn 1926, Fitzgerald 1934, Rinsland 1945)。続いて、読物や教科書の語彙調査が数多く行われた (cf. Thorndike 1921, Thorndike and Lorge 1944, Kučera and Francis 1967, Carroll, Davies and Richman 1971, Harris and Jacobson 1972, Johansson and Hofland 1989)。語彙は読解に影響する最も重要な構成要素と考えられたためである (Nolte 1937)。

我が国の英語教材に長らく大きな影響を与えたと言われる Thorndike and Lorge (1944) の *Teachers' Word Book of 30,000 Words* は、延べ約 2,000 万語の言語資料を調査したもので、「学校教科書の語彙の適不適の客観的な測

定尺度として、また語彙・読書・綴字の学力テストを作成する基礎」として用いられてきた(フリーズ・トレイヴァー 1958: 27)。しかしながら、集めた言語資料が文学作品に偏り、古い語が多すぎるなど、時代遅れであると多くの研究者に指摘された(Roberts 1965, Richards 1970)。

その結果、特に言語資料の偏りに配慮した大規模な語彙調査が2件行われた。1つは、世界最初の電子コーパス、Brown Corpus である。"Representative of current printed American English" を目標に、1961年出版の成人用の読物をできるだけ偏りのないよう 2,000 語ずつ 500 種の言語資料から計 100 万語を集めて作成された。その語彙調査の結果は Kučera and Francis (1967) と Francis and Kučera (1982) に集約されている。もう1件の Carroll, Davies and Richman (1971) は辞書編纂に利用する目的で、米国の3年生から9年生までの子供が手にすると考えられる読物を 500 語ずつ 10,000 件の言語資料から計 500 万語が集められた調査である。以降は Thorndike and Lorge (1944) に代わってこれら2種が代表的な語彙調査として種々の研究の基礎資料に用いられることになった(垣田 1987)。

2.1.2. 話し言葉の語彙調査

書き言葉に比べて、話し言葉の語彙調査は発話のサンプルの収集が難しいことと、録音した発話を文字に記録し直さなければならないことから、調査が遅れ、規模の小さいものが多かった (cf. Fossum 1944, Black and Ausherman 1955, Schonell, Meddleton et al. 1956)。徐々に大規模な語彙調査が可能になり、Black and Ausherman (1955) では延べ語数が 288,152 語、Dahl (1979) では 1,058,888 語と初期の調査に比べて、その規模が飛躍的にのびた。

話し言葉の語彙調査の特徴は、単に使用頻度の高い語を選別する以外に種々の目的をもっていたことである。たとえば、French, Carter and Koenig (1930) は speech sounds の頻度を調査するため、Jones and Wepman (1966) は失語症患者の言語と比較するために行われた。話し言葉のデータ収集が行われた状況は、カウンセラーとの会話 (Dahl 1979)、入院患者へのインタビュー (Howes 1966) など「自然な発話」環境とは言えず、自然

な発話の音声言語のデータ収集は難しいものとされた (Svartvik and Quirk 1980)。その後、1959 年に開始された Survey of English Usage プロジェクトによって A Corpus of English Conversation (Svartvik and Quirk 1980) などの調査結果が出版された[3]。また、ロンドンの 13–17 歳の会話を録音した The Bergen Corpus of London Teenager Language (COLT) や 6–12 歳の話し言葉を集めた The Polytechnic of Wales Corpus (Pow) などのコーパスも利用可能となった[4]。

2.2. 学習語彙表

第 1 期に開発された英語学習語彙表の選定方法は、計測可能な客観的な基準(頻度または分布度)に基づくものと、選定者固有の目的に沿った計測不可能な主観的な基準に基づくものの 2 つに分けることができる。次第に、「いずれか一方のみに偏した方法では、不完全な結果しか得られないことがわかり、種々の試みの結果、両者を総合した折衷的 (eclectic) な経験的方法 (empirical method) が最も理想的な方法である」(フリーズ・トレイヴァー 1958: 2)と考えられるようになった。

表 1 に、現在も入手可能な学習語彙表をその選定基準および選定方法とともに示した。選定基準の詳細は後述する。なお、第 1 期は 1921 年

表 1. 主な学習語彙表

研究者	年	語数	語彙表名	主な基準	作成方法
Thorndike	1921	1,000	First 1,000 Words	頻+分	調査の上位
Ogden	1930	850	Basic English	主観	同意語の除外
Dale	1931	769	Dale List of 769 Easy Words	分+頻	調査 2 種の共通語
Palmer	1931	3,000	The Standard English Vocabulary	主観	調査+経験
Faucett 他	1932	1,534	Indispensable and Essential Words	頻度	調査 2 種合計の上位
IRET	1936	2,000	The General Service List (Interim Report on Vocabulary Selection)	主観	頻度など 7 種の基準
Dolch	1936	220	Dolch Basic Sight Vocabulary	分+頻	調査 3 種の共通語
Thorndike 他	1944	1,000	First 1,000 Words	頻+分	調査の上位
Dale 他	1948	3,000	Dale 3,000 List	主観	既知語の調査

West	1953	2,000	A General Service List of English Words	主観	頻度＋主観
Johnson	1971	306	A Basic Vocabulary for Beginning Reading	分布度	調査 2 種の共通語
Otto 他	1972	500	Sight Words for Beginning Reading	頻度	調査の上位
Harris 他	1973	332	Basic Vocabulary for Beginning Reading	分布度	調査のうち 1 年生用読物
van Ek 他	1975	1,600	The Threshold Level	主観	機能、概念の分析から
van Ek	1976	1,495	The Threshold Level for Modern Language Learning in Schools	主観	機能、概念の分析から
清川	1976	278	The 278 Most Frequently Spoken Words	分布度	調査 3 種の共通語
Hindmarsh	1980	4,500	Cambridge English Lexicon	主観	頻度＋直感
全英連	1981	4,800	高校基本英単語活用集	主観	頻、分、主、経験
竹蓋	1981	7,360	白色語彙	分＋頻	調査 2 種の共通語
Engels 他	1981	3,286	L. E. T. Vocabulary-List	分＋頻	調査、語彙表、計 6 種
JACET	1983	3,990	JACET List of Basic Words	分＋頻＋主	調査、語彙表、計 12 種
都中英研	1986	1,860	基本語彙 1,000 語、補足 460 語、外来語 400 語	分＋主	調査、語彙表、計 12 種
Summers 他	1987	2,100	The Longman Defining Vocabulary	主観	定義
金田	1988	4,000	D4000 学習語彙リスト	分布度	調査、語彙表、計 15 種
竹蓋他	1988	6,546	白色語彙マークⅥ	頻度	調査 8 種合計の上位
中條他	1994	7,000	現代英語のキーワード「プラスα 2000」	頻度	調査の上位
北大	1995	7,454	北海道大学英語語彙表	頻＋分	調査、語彙表 12 種
Coxhead	1998	570	Academic Word List	頻＋分	調査 28 分野
アルク	2001	12,000	標準語彙水準 12000	頻＋分＋主	調査の上位＋主観
JACET	2003	8,000	The JACET List of 8000 Basic Words	頻＋主	調査の上位＋主観
Nation	2006	14,000	BNC Word Family List 14000	頻度	調査の上位
投野	2004	100	NHK100 語でスタート！英会話	頻度	調査の上位
横川	2006	3,000	日本人英語学習者の英単語親密度	主観	親密度調査
京大	2009	1,110	京大・学術語彙データベース基本英単語 1110	頻（＋主）	調査の上位
Davies 他	2010	5,000	A Frequency Dictionary of Contemporary American English	頻＋分	調査の上位

頻：頻度、分：分布度、主：主観、調査：語彙調査、語彙表：語彙表

〜2000 年までの 80 年間にわたっており、第 2 期は 2000 年以降の 10 年余のため、第 2 期の語彙表の引用は多くない。

2.2.1. 客観的指標に基づく語彙表

学習語彙表開発のための主な客観的選定基準には頻度 (frequency) と分布度 (range, dispersion) がある。頻繁に使われる語は有用性が高いと考えられたため、Thorndike (1921), Faucett and Maki (1932), Thorndike and Lorge (1944)、中條・竹蓋 (1994) など、これまで多くの学習語彙表が前述 2.1 節の語彙調査の頻度上位語から作成された。一方、もう 1 つの基準である分布度が使用された理由は、1 つの語彙調査のみに高い頻度で現われた語よりは、多くの語彙調査または語彙表に広く使われる語の方が重要であると考えられたからであった[5]。

分布度の考え方を用いて、複数の語彙調査または語彙表に共通する語彙を英語学習語彙表としたものには、Dale (1931), Dolch (1936), Johnson (1971)、清川 (1976)、竹蓋 (1981)、大学英語教育学会教材研究委員会 (1983)、東京都中学校英語教育研究会研究部（都中英研）(1986)、北海道大学言語文化部英語教育系 (1995)、Coxhead (2000)、アルク (2001) などがある。

竹蓋 (1981) の「白色語彙」は Kučera and Francis (1967) と Carroll, Davies and Richman (1971) の両者の頻度上位各 1 万語に共通して含まれる 7,360 語を求め、現代英語を代表する 2 つの語彙調査の混合により偏向のない英語学習語彙表を求めようとした。

大学英語教育学会教材研究委員会 (1983) の "JACET List of Basic Words" は大学の「2 年間の課程を終えるまでに習得すべき認識用語彙」3,990 語である。Kučera and Francis (1967), Carroll, Davies and Richman (1971) など 12 種の語彙調査と学習語彙表のうち「3 ないし 4 つの資料に共通に現われているものはできるだけ採用」して作成された。

都中英研 (1986) の「基本語彙 1,000 語、補足 460 語、外来語 400 語」は Palmer (1931), West (1953) などの学習語彙表 12 種のうち 6 種以上にとりあげられている語を中心にして、「東洋の日本という地域・文化の特徴か

ら数語」と、「主観的な視点から日常生活等に欠けている語」を加えて選定された。

　Coxhead (2000) の Academic Word List (AWL) は大学生が一般教養科目を理解するために必要な語彙表であり、約350万語の学術文献コーパス (arts, commerce, law, science) の28分野中15分野以上に出現した頻度100以上の570語を選定したものである。

2.2.2.　その他の基準で作られた語彙表

　客観的な基準とは異なる基準で作られたもので、特筆すべき学習語彙表に、Ogden (1930), Palmer (1931), West (1953), van Ek (1976), Hindmarsh (1980), Summers *et al.* (1987) がある。

　Ogden の *The Basic Words* (1930) は850語という最小の語彙であらゆる観念を表現しようと意図したものである。その選定方法は、「ある語を他の語によって定義する作業が重ねられた。たとえば、puppy は young dog に置き換えられ、enter は go into、descend は go down という具合に変えられて、最後に go, give, take などそれ以上は変えられない850語が残った。」(マッケイ 1979: 205) というものである。

　Harold Edward Palmer は1922年に文部省の招きで来日し、Oral Method (口頭教授法) を提唱した。Palmer は Thorndike の語彙調査に主観的判断と経験的な資料を加えて3,000語の The Standard English Vocabulary (1931) を選定した。Palmer は環境語 (教室用語や日本人生徒のおかれている地域社会に密接な語) を必須なものとして3,000語に含めた。

　West の *A General Service List of English Words* (1953) (GSL) は、外国語としての英語の教授・学習のために作られた学習語彙表である。カーネギー財団の援助のもとで語彙選定に関する国際的専門委員会が開催され、Thorndike, Faucett, Palmer, West らの語彙選定の専門家たちによって最も普遍性のある2,000語が選定された。1936年に Interim Report on Vocabulary Selection として発表され、これを再録し、Lorge (1949) の Semantic Count を参照して意味の頻度を追加したものが GSL である。この学習語彙表では頻度の他に (1) Ease or difficulty of learning (= Cost), (2) Necessity, (3)

Cover, (4) Stylistic level, (5) Intensive and emotional words が考慮された。GSL は前述した Academic Word List (AWL) とともに Paul Nation の語彙レベルチェックプログラム Range に収録されており[6]、広く使われている (cf. Hyland and Tse 2007, Cobb 2010)。

van Ek の *The Threshold Level for Modern Language Learning in Schools* (1976) は、Council of Europe (ヨーロッパの統合促進を目的に 1940 年設立) の特別プロジェクトによって、義務教育 3 年間の外国語としての英語教育の到達可能な目標を規定したものである。日常的場面で外国人との最低限のコミュニケーションを保つのに必要な「機能と概念」を分析し、そのために必要な 1,495 語が選定された[7]。

Hindmarsh の *Cambridge English Lexicon* (1980) は Cambridge First Certificate in English という読解試験用に選定された語彙表である。West (1953) の語彙表からスタートし、17 種の語彙調査、語彙表を参考にして "intuitions of teachers of EFL" に基づいて 4,470 語が選ばれた。

Summers *et al.* (1987) の "The Longman Defining Vocabulary" は学習用辞書として評価の高い *Longman Dictionary of Contemporary English* (LDOCE) の定義語彙約 2,000 語である。元は West (1953) に基づいているが、最近の頻度統計を参照して更新されている。

3. 第 2 期の英語学習語彙表 (BNC 以降)

第 2 期は British National Corpus (BNC) が EU 圏外に公開された 2000 年頃 (EU 圏での公開は 1995 年) に始まる。この頃には、英語学習語彙表の開発のためだけに語彙調査が行われることはほとんどなくなり、コーパス分析の主要な産物の 1 つとして得られた頻度情報を利用して語彙表が作成されるようになった。

BNC は 1 億語のイギリス英語の大型均衡コーパスであり、1,000 万語の話し言葉データを含んでいる。Leech, Rayson and Wilson (2001) によって BNC の頻度リストが出版され、Kilgarriff によって見出し語の電子データが公開されると[8]、BNC に独自の処理を施したさまざまな学習語彙表が

開発され、研究や教材に利用されるようになった。たとえば、『大学英語教育学会基本語リスト（The JACET List of 8000 Basic Words）』（JACET 8000）（2003）、「標準語彙水準 SVL12000（Standard Vocabulary List）」（SVL12000）（アルク 2001）、BNC Word Family List（BNC 14K）（Nation 2006）、「NHK100 語でスタート！ 英会話」（NHK100 語）（投野 2004）などをあげることができる。

JACET 8000 と SVL12000 は BNC の頻度情報という客観的基準と日本人英語学習者の有用性などの主観的基準の両方を使用した折衷的基準で選定されたものである。BNC Word Family List は BNC 頻度リストの語彙単位を「レマ」から「word family」単位に変換した BNC 14,000 語（word families）である。NHK100 語は BNC の話し言葉 1,000 万語の頻度上位 100 語から選定されたものである。

BNC に続いてさらに大規模なコーパスが構築された。The Corpus of Contemporary American English（COCA）は Mark Davies が構築したアメリカ英語の大型均衡コーパスである。ウェブ上の電子媒体から 5 種のジャンル（spoken, fiction, magazines, newspapers, academic journals）を考慮して 4 億 5000 万語のデータを収集し（2012 年 9 月の時点）、1 年ごとに 2,000 万語ずつ追加されている。Davies and Gardner（2010）は COCA から頻度と分布度の客観的基準に基づく統計手法を使用して約 5,000 語の語彙表を選定し刊行した。

以下では、BNC 準拠と COCA 準拠の学習語彙表について述べる。

3.1.　The JACET List of 8000 Basic Words（JACET 8000）

2000 年 1 月に設置された大学英語教育学会基本語改訂委員会は、BNC をもとに「日本の英語教育の現状を配慮して」JACET 8000 を 2003 年 3 月に刊行した。BNC 頻度上位語と JACET サブコーパス（新聞・雑誌、児童文学、映画、教科書、試験問題、計約 600 万語）の頻度を対数尤度で比較して 8,000 語とその順位を決定した。高校教科書コーパスの頻度順位と照合して調整し、最後に、既存語彙表 15 種による収録語彙の確認作業を経て、8,000 語を 8 つのレベルに区分した（大学英語教育学会基本語改訂委員会 2003）。

JACET 8000 を活用して、2005 年 10 月に『JACET 8000 英単語』(相澤他 2005) が刊行された。JACET 8000 LEVEL MARKER のプログラム[9]を利用すると単語のレベルを 8 段階に分けることができ、多くの学術的研究に利用されている (cf. Jordan 2012)。

3.2. 標準語彙水準 12000 (SVL12000)

SVL12000 は出版社のアルクが BNC 頻度リストを基盤に 30 種超の学習語彙表のデータなどを参考にして開発した「日本人の英語学習者にとって有用であると思われる」12,000 語である。SVL12000 は、日本における英語教育の現状を踏まえながら、中学生から一般社会人まで、すべての英語学習者が段階を追って効率的に学ぶことができるよう、1,000 語ずつ 12 のレベルに区分されている。各単語のレベル区分は Kilgarriff の BNC frequency list をベースに、各種コーパス、学習英和辞書の重要語表示などと、複数のアメリカ人の英語母語話者の感覚的判断を記号化して振り分けて決定された[10]。Word Level Checker (染谷 2009) のプログラムを使うと任意のテキストの語彙レベルを SVL12000 に基づく 12 段階に分類することができる[11]。

3.3. BNC Word Family List (BNC14K)

Nation (2004) において BNC Word Family List 3,000 語 (BNC 3K) が作成され、Nation (2006) では BNC Word Family List 14,000 語 (BNC 14K) が作成された。その後 Tom Cobb が 20,000 語 (BNC 20K) に拡張した[12]。一般的に英語語彙表は、活用形を基本形に集約した「レマ」単位で作成されているものが多いが、Nation は、活用形に加えて派生形も基本形に集約した word family 単位で BNC 14K を作成した。Word family による語彙表はレマによる語彙表よりも圧縮されて語彙表のサイズがコンパクトになることを考慮に入れておく必要がある。

3.4. A Frequency Dictionary of Contemporary American English (COCA 5000)

COCA 5000 (Davies and Gardner 2010) の 5,000 語の語彙表は、The Corpus of Contemporary American English (COCA) の約 4 億語の語彙の使用頻度調査に基づいて選定された。まず COCA を 100 のサブコーパスに分け、サブコーパス間の分布の尺度として Juilland's "D dispersion index" を用いて、スコア＝頻度×分布度 (dispersion) を求め、スコア上位 5,000 語の見出し語が決定された。見出し語には意味と用法の情報を提供するために、品詞別に 20 〜 30 の collocates (隣接する語) が提示されている。Collocates は、中心語が動詞の場合、中心語の前後 4 語の幅において、「名詞」と「その他の品詞」が抽出され、中心語が名詞の場合は「形容詞」、「その他の名詞」、「動詞」が抽出され、その後 4 名の英語母語話者がそれらの調査結果を確認した。

　COCA5000 の序章に挙げられている参考文献の多くは、本章第 2 節の第 1 期で言及した Thorndike and Lorge (1944), Rinsland (1945), West (1953), Carroll, Davies and Richman (1971), Francis and Kučera (1982), Johansson and Hofland (1989) などや、英語教育分野において頻繁に言及される Coxhead (2000), Nation (2001) などで占められており、これらの先人の広範な研究成果を念頭に置きながら COCA5000 が編纂されたことがうかがわれる。

　2012 年より COCA には Academic Vocabulary Lists Based on the Corpus of Contemporary American English が追加された[13]。これは 2011 年までに収集された COCA の academic texts1 億 2,000 万語に基づいている。

4. 主要な語彙表の特徴比較

　語彙表を量的に比較する方法として、複数の語彙表の共通語を調査する以外に、因子分析やクラスター分析を用いる方法 (竹蓋 1981)、参照語彙表との出現頻度を比較して「特徴語」を抽出する方法 (竹蓋 1981) が使用された。竹蓋 (1988) では、後述する「カバー率 (text coverage)」を用いて英語学習語彙表の実用性が調査された。

　語彙表を質的に比較した研究には、たとえば、Fox and Mahood (1982) がある。彼らは、West (1953) など 8 種の語彙表を、頻度、分布度、難易度、品詞と派生語、同義語、反意語、コロケーションなど 10 項目に基

づいて比較した。結果、英語教育の資料としての観点からは、Kučera and Francis (1967) は "not very useful"、van Ek and Alexander (1975) は "interesting" と評価され、特に推奨するものとして、West (1953), Hindmarsh (1980), McArthur (1981) が挙げられた。

　本節では、現在も活用されている、第2期に開発されたコーパス準拠の語彙表を比較した研究を紹介する。比較の指標には、語彙表の実用性を示す指標の1つと考えられているカバー率を用いる。カバー率は各語彙表がある分野のテキストで使用される延べ語数の何%をカバーするのかを表わす指標である。一般に、カバー率95%が理解の閾値とされている (Laufer 1997, Nation 2001, Chujo and Utiyama 2005)。

4.1.　"BNC" vs. "GSL + AWL" (Nation 2004)

　Nation (2004) では、BNC の上位 3,000 語 (BNC 3K) のカバー率と GSL (West 1953) 2,000 語と AWL (Coxhead 2000) 570 語を組合せた語彙表のカバー率が比較された。AWL は人文、科学、商業、法律の4分野のアカデミックコーパスから頻度と分布度に基づいて選定された「高校生・大学生に重要な語彙」が含まれている語彙表であり、GSL とは重複しない。

　Nation (2004) では、語彙単位として、派生形も基本形に含める word family (3.3. 参照) が使用された。最初に BNC の上位 3,000 語の word family リスト (BNC 3K) が作成された。GSL と AWL は本来 word family リストであるが、厳密に BNC 3K と同等の基準であるかどうかの見直しが行われ、GSL は 1,986 語となった。BNC 3K の 3,000 語と「GSL + AWL」の 2,556 語のカバー率が「アカデミック、経済、話し言葉、フィクション」の4分野のテキストについて算出された。結果、カバー率は僅差で BNC 3K が少し上回った。その理由は GSL + AWL が 2,556 語であるのに対し、BNC 3K はそれより 444 語多いためと考えられた。また、AWL の 570 語は BNC 3K では 1,000 語レベルから 3,000 語レベルまでちらばって分布することが判明した。

　表2には、「BNC 1,000 語レベルのみに含まれる語」、「GSL + AWL のみに含まれる語」を、その違いが生じた要因とともに示した。表2から、

BNC の特徴として、"adults, British" が、GSL + AWL の特徴として、"young learners, US" が色濃く見えてくる。たとえば、"young learners vs. adults" の欄では、GSL のみに含まれる "chalk, aunt, wicked" は生徒に有益な語である一方、BNC のみに含まれる "budget, campaign, client, executive" は成人学習者に役立つ語である。また、West が "chalk" を GSL に含めたのは頻度の基準からというよりも、教室での有用性という基準に基づいて含めたと考えられる。GSL が "old" という事実は、"television, drug" が含まれていないことから明らかである (Nation 2004: 11)。しかし、Nation は、特別な配慮なしに BNC 3K をそのまま英語教育や初等・中等教育のシラバスに利用するのは適切ではないとし、学校教科書の語彙調査である Carroll, Davies and Richman (1971) を含めるとよいとした。これらには、BNC 3K に含まれていない "adjective, alphabet, ant, arithmetic, astronaut, aunt, axis" など直ちに生徒に役立つ語が含まれているからであると Nation は結んでいる [14]。

表 2. "GSL + AWL" と "BNC" の比較 (Nation 2004: 11)

要因	GSL + AWL のみに含まれる語	BNC のみに含まれる語
Old vs. modern	shilling	television, drug
US vs. British	republic, gallon, quart	county, Parliament
Young learners vs. adults	chalk, aunt, wicked	budget, campaign, client, executive

4.2. 4 種のコーパス準拠学習語彙表の比較

中條 (2012) では、COCA5000, JACET8000, SVL12000, BNC HFWL の 4 種のコーパス準拠学習語彙表を比較してそれぞれの語彙表の差異を明らかにする試みが行われた。BNC High Frequency Word List (BNC HFWL) は Chujo (2004) で作成された BNC の頻度 100 以上のレマ 13,956 語である。

4 種の語彙表の比較はカバー率の指標に基づいて行われた。調査は、実用英語を話し言葉と書き言葉に分けて行われた。話し言葉から 1) クラス対話 (大学生)、2) サバイバル英語 (生活英語)、3) 映画、4) PBS News (TV ニュース)、5) VOA (ラジオレポート)、6) TOEIC Listening Section、7) TOEFL Listening Section の 7 分野、書き言葉から 1) 小説 (ハリー・ポッ

ター)、2) 生活案内 (newcomer 対象)、3) *News for You* (ESL 英字新聞)、4) 大学案内 (留学生対象)、5) *TIME* (英文雑誌)、6) TOEIC Reading Section、7) TOEFL Reading Section、以上の分野から各 1,500 語 × 5 セットのテキストが収集され、4 種の語彙表の上位 1,000 語、2,000 語、3,000 語、4,000 語のカバー率が算出された。表 3 に各分野で最も高いカバー率を示した語彙表に○を付けて示した。同順位の場合もある。

なお、4 種の語彙表は少しずつ異なる語彙単位によって作成されており、語彙表どうしの比較を可能にするため、語彙単位を BNC HFWL と同一のレマ規準に再編成した。その結果、たとえば COCA5000 は固有名詞などを除いて再編成したので、元の 5,000 語から 4,079 語に縮小した。

表 3. 4 種語彙表のカバー率順位

		上位 1,000 語				上位 2,000 語				上位 3,000 語				上位 4,000 語			
		C	J	S	B	C	J	S	B	C	J	S	B	C	J	S	B
話し言葉	クラス対話						○				○				○		○
	サバイバル英語		○				○				○				○		
	映画		○				○				○						
	PBS News		○				○				○				○		
	VOA		○									○	○				
	TOEIC Listening		○					○	○								
	TOEFL Listening		○								○	○					
書き言葉	ハリー・ポッター		○				○				○				○		
	生活案内			○													
	News for You		○				○				○						
	大学案内			○	○												
	TIME	○										○	○				
	TOEIC Reading						○										○
	TOEFL Reading	○									○				○		
1 位の合計回数		3	5	2	4	4	3	2	5	4	2	3	5	7	1	4	2

C：COCA5000, J：JACET8000, S：SVL12000, B：BNC HFWL

4種の語彙表はそれぞれ独自の目標を持ちながらも幅広い分野においてある程度のカバー率が得られるように作成されている。いずれも大型コーパスの頻度上位語を基盤としながらそれぞれ独自の選定基準を適用しているため、カバー率に多少の差異が見られた。1,000語サイズの語彙表ではJACET8000が14分野中5分野において1位を占め、2,000語と3,000語ではBNC HFWLが5分野において1位、そして4,000語サイズの語彙表では、COCA5000が7分野において1位を占めた。

　表4と表5に、話し言葉と書き言葉別に各7分野のテキストの平均カバー率を算出し、4種の語彙表の1,000語きざみのカバー率累計を示した。興味深いことに、4種の語彙表ともカバー率の上昇具合は似ており、どの語彙表を利用してもほぼ同様のカバー率を得られることがわかる。4,000語で話し言葉テキストのカバー率が理解の閾値とされる95%を超え、書き言葉に対するカバー率が95%を超えるのは3種とも7,000語であることが判明した。

表4．話し言葉テキストのカバー率

上位語数（累計）	1,000	2,000	3,000	4,000	5,000	6,000	7,000	8,000	9,000	10,000	11,000	12,000	13,000
COCA5000	85.4%	91.5%	94.0%	95.4%									
JACET8000	86.0%	91.5%	94.0%	95.3%	96.0%	96.6%	97.0%						
SVL12000	82.3%	89.6%	93.4%	95.1%	96.0%	96.7%	97.0%	97.4%	97.7%	97.8%	97.9%		
BNC HFWL	85.3%	91.6%	94.0%	95.3%	96.1%	96.7%	97.1%	97.5%	97.8%	97.9%	98.0%	98.1%	98.2%

表5．書き言葉テキストのカバー率

上位語数（累計）	1,000	2,000	3,000	4,000	5,000	6,000	7,000	8,000	9,000	10,000	11,000	12,000	13,000
COCA5000	77.0%	86.1%	90.0%	92.4%									
JACET8000	76.5%	85.0%	89.2%	92.2%	93.7%	94.7%	95.4%						
SVL12000	70.5%	81.6%	87.6%	91.0%	93.0%	94.2%	95.1%	95.8%	96.3%	96.5%	96.8%		
BNC HFWL	77.4%	85.9%	89.9%	92.2%	93.7%	94.8%	95.4%	95.9%	96.3%	96.6%	96.8%	97.0%	97.2%

4.3. 英語能力テストから見た3種の学習語彙表の特徴

Chujo and Oghigian (2009) は、3種の学習語彙表 SVL 12000, BNC HFWL, BNC 14K を使用して英語能力テストの語彙レベルを計測し、その計測結果の差異から3種の学習語彙表の特徴について報告した。英語能力テストとして使われることの多い、TOEIC Bridge, TOEIC, TOEFL、英検1級、準1級、2級、準2級、3級、4級、5級のテスト（2005年版）を2セットずつ用意し、各テスト語彙の95％をカバーする学習語彙表の語彙数を当該テストの語彙レベルと定義し、各2セットのテストの平均語彙レベルを求めた（図1）。

図1から言えることは、テスト別の語彙レベルに関しては、TOEIC Bridge は TOEIC より語彙レベルが低く、TOEFL は TOEIC より語彙レベルが高い。英検1級と準1級は3種すべての語彙表において TOEFL より語彙レベルが高い。また、英検1級、英検準1級と英検2級の各テストの語彙レベルの差は大変大きく、日本人学習者が英検準1級以上に合格するためには大幅な語彙増強が必要であることが理解できる。

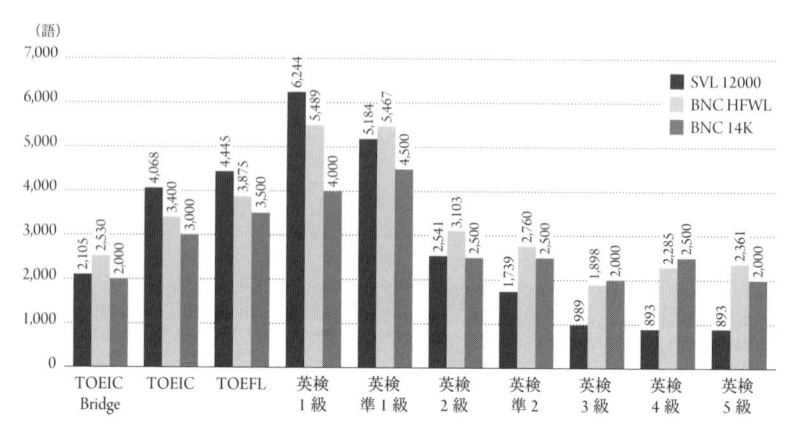

図1. 英語能力テストの語彙レベル

3種の語彙表による語彙レベルの値は、SVL12000 の語彙レベルの上下の差が一番大きく、word family 単位の BNC 14K の幅が一番小さい。全般的に見て同様に上下しており、どの語彙表を利用しても語彙レベルが

計測できることがわかる。しかしながらBNC HFWLとBNC 14Kは英検3級、4級、5級の語彙レベルの差を適切に検出していない。SVL12000は、英検4級と5級の差は検出しなかったものの、英検1級から5級までの語彙レベルの差を適切に評価することができた。SVL12000は日本人学習者向けに開発された英検のような英語能力テストの語彙レベルの計測に対して他の2種の語彙表より優位であることが明らかになった。このことから、SVL12000の作成目的にある「日本人学習者を念頭において開発」されたことがデータにあらわれていると言えよう。一方、「成人、イギリス英語」を代表するBNCに特別な教育的配慮を加えず頻度順位に基づいて作成されたBNC HFWLと14Kは2,000語レベル以下の英語能力テストの語彙レベルを適切に把握できないことが判明した。

5. 語彙表の活用方法

これまで多くの学習語彙表が開発されてきたのは、語彙は言語教育の基礎であり、最初に考慮されるべき主要な材料であると考えられてきたからである(Magni 1919, Nolte 1937, Judd 1978, 千野 1986)。学習語彙表は、語彙指導に利用されるだけでなく、読物教材、シラバス、辞書、語彙テストや英語能力テストの規準など言語教育のさまざまな用途に応じて活用されてきた。

5.1.　読物教材、シラバス、辞書

語彙表は読物教材の読書レベルの難易度をコントロールしたり、他の読物との重複調査の参照資料として使用されたり、あるいは読物教材の学年を測るリーダビリティ公式の構成要素として用いられてきた(Dale and Chall 1948, Spache 1953)。実際に、「多読教材(graded readers)の多くはGSLに基づいている」(Nation 2004: 12)といわれる。

語彙表は英語教育においてシラバスデザインに用いられ(Nation 2004: 3)、学習者の習熟度レベルに合致した語彙の配列に利用されてきた(cf. 北海道大学言語文化部英語教育系 1995、Coxhead 2000、竹蓋・水光

2005)。日本では「(学習指導要領の)語彙の選択については、現在ソーンダイクなどに基づいている」(伊藤 1977) などといわれ、長らく Thorndike の語彙表が学習指導要領に影響を与えた。

学習英和辞書に付いている重要語表示は語彙頻度表を参考にしていると言われる (Nakao 1989: 298, Yamada and Komuro 1998: 154, Chujo and Hasegawa 2006: 176)。「画期的な辞典」(村田 1979: 113) とされる *LDCE* (*LDOCE*) は、約 2,000 語の定義語彙である The Longman Defining Vocabulary (Summers *et al.* 1987) の語彙表の範囲内で、見出し語の定義と用例が書かれていることはよく知られている。外国人学習者向けの辞書を編纂する COBUILD Project (Sinclair 1987) の成功もあって、現在ではほとんどの学習辞書がコーパス準拠となっている (cf. 井上・赤野 2003、投野 2008)。

5.2. 語彙テスト

語彙テストの作成に、語彙表は欠かせない。たとえば、学術的研究や教材作成に多く利用される Nation (1990, 2001) の Vocabulary Levels Test は、West (1953)、Thorndike and Lorge (1944)、Kučera and Francis (1967) に基づいている。望月 (1998) が開発した「語彙サイズレベルテスト」は北海道大学英語基本語彙表 (北海道大学言語文化部英語教育系 1995) に基づいている。このほか、語彙表に付随した語彙レベルチェックテストとして、RANGE (注 6)、JACET Level Marker (注 9)、Word Level Checker (注 11)、Compleat Lexical Tutor (注 12) などが教材やテストを構成するテキストの語彙レベルを知るために利用されている。

5.3. 英語能力テスト

BNC が EU 圏外でも使えるようになった 2000 年以降、次第にコーパス分析の結果は英語能力テスト作成の参考資料としても活用されるようになっているようである。たとえば、Biber *et al.* (2004) は TOEIC や TOEFL を開発している ETS の依頼によって The TOEFL 2000 Spoken and Written Academic Language Corpus (T2K-SWAL) を作成し、"the real-life academic language use" を調査した。"List of Words in the T2K-SWAL Corpus" などの調査

結果は TOEFL iBT の参考資料に使用され、ETS website における TOEFL に関する報告には、"the test content is authentic", "The content of the test is relevant to and representative of the kinds of tasks and written and oral texts that students encounter in college and university settings." とあり、学習者が大学におけるさまざまな場面で実際に遭遇する可能性の高い表現や文をテストに使用していることが記されている。

Chujo and Oghigian (2009) では、TOEFL, TOEIC、英検のような英語能力テストの語彙がどのように第2期の英語学習語彙表の普及する前後で変化したかを調査した。2002年版と2005年版のTOEIC, TOEFL、英検1級、準1級、2級のテストについて各2セットの語彙レベルを計測し比較した (表6)。語彙レベルは、SVL12000, BNC HFWL, BNC 14K の3種の語彙表を使用して、当該テストの語彙の95%をカバーする語彙数を当

表6. 2002年版と2005年版のTOEIC、TOEFL、英検テストの語彙レベル

テスト		SVL12000 (words)	BNC HFWL (words)	BNC 14K (word-families)	平均語彙レベル (語)
TOEIC	2002年	4,436	4,009	3,500	3,982
	2005年	4,068	3,400	3,000	3,489
	差	−368	−609	−500	−493
TOEFL*	1998/9年	6,242	6,294	5,000	5,845
	2006年	4,445	3,875	3,500	3,940
	差	−1,797	−2,419	−1,500	−1,905
英検 1級	2002年	8,956	8,932	6,500	8,129
	2005年	6,244	5,489	4,000	5,244
	差	−2,712	−3,443	−2,500	−2,885
英検 準1級	2002年	6,299	6,612	5,000	5,970
	2005年	5,184	5,467	4,500	5,050
	差	−1,115	−1,145	−500	−920
英検 2級	2002年	2,735	3,003	3,000	2,913
	2005年	2,541	3,103	2,500	2,715
	差	−194	+100	−500	−198

＊ TOEFL は1998年、1999年版、および2006年版の公式問題を使用した。

該テストの語彙レベルとし、テストごとに平均語彙レベルを求めた。

　表6の最右列の平均語彙レベルを見ると、2002年版と2005年版では、TOEICの場合は3,982語レベルから3,489語レベルへ、TOEFLの場合は5,845語から3,940語レベルへ、英検1級の場合は8,129語から5,244語レベルへと、全般に語彙レベルが易しくなっている。この調査結果は、2005年版は2000年代初めのテストより、学習者が遭遇する可能性の低い"less common words"(Biber et al 2004: 135)の使用が減ったことを示唆している。今のところ、TOEIC, TOEFL, 英検のこのような語彙レベルの急激な減少傾向に関する公式の説明はなされていない。しかしながら、これらの英語能力テストが、頻度順位の高い"common words"(Biber et al 2004: 127–128)の割合を増加させ、頻度順位の低い"less common words"を少なくして、英語学習者の一定の理解力を測定するための語彙を精選したことは、効率的な語彙選定やauthenticな言語材料の使用を推進するコーパス言語学の急速な発展がその背景にあると推測される。

6. おわりに

　英語学習語彙表を選定する試みは20世紀初頭のThorndikeの頃より欧米を中心に始まり、現在も続けられている[15]。その際に用いられる主な基準は「よく使われる語は重要である」「広く使われる語は重要である」という理由から、頻度や分布度という客観的指標であった。しかしながら、これらの客観的基準だけでは本当に必要な語彙が適切に選定されていない(Richards 1970)などの指摘があり、coverage indices (definition, inclusion, extension, combination) (Mackey 1965, Mackey and Savard 1967)、availability (Richards 1970), familiarity (Richards 1974、ウィルキンズ 1975), learnability (similarity, clarity, brevity, regularity, learning load) (Mackey 1965)、母語やorthographyとの関連(Lee 1963, Abbott 1979)、外来語との関連(Gregory 1923)など多様な主観的基準を数量化して利用する努力がなされてきた。

　これらの第1期の語彙表開発における語彙選定基準は、後年の第2期の大型電子コーパス準拠の学習語彙表の開発に影響を与え、現在は、第

1期に考案された基準を、より大規模に、より洗練された統計値を用いて選定を行う時代となっている。COCAのようにウェブから収集される数億語単位のデータからの学習語彙表の開発が可能となった現在、コーパスの規模を巨大化しても学習語彙表の頻度上位語彙はそれほど変わらないことが判明している。今後は、大規模コーパスの頻度上位語彙などの一般分野の語彙表に加えて、より細分化された専門分野の語彙表や、独自の基準に基づいた個性的な語彙表が発展していくと考えられる。

注

1. この区分は、齊藤他（2005: 8）と一致する。
2. 基本語彙は、英語教育においては、「学習者がどの専門分野に進んでも役立つ、どの分野にも広く出現する語彙」と考えられている。
3. 1959年にRandolph Quirkがイギリス英語の書き言葉と話し言葉の資料を収集したSurvey of English Usageプロジェクトを開始した。1975年からLund大学のJan Svartvikを中心として話し言葉の部分が電子化され、そのうち34のテキストが詳しい音表記とともに出版されたものが A Corpus of English Conversation (CEC) である。
4. CEC, COLTとPowはInternational Computer Archive of Modern English (ICAME) より入手できる。
5. 一般にはdispersionやrangeはコーパス内のテキスト間の分布統計に用いられる。
6. Range, http://www.victoria.ac.nz/lals/staff/paul-nation/nation.aspx
7. プロジェクトは長年にわたって遂行され、2001年にヨーロッパの言語教育のガイドラインCommon European Framework of Reference for Languages: Learning, teaching, assessment (CEFR) として発表された。
8. KilgarriffのBNC lemma listはwebサイトにアップされ、実際にはEU圏外でも公開前から利用可能であった。1995年のLDOCEの改訂にも使用された。BNC database and word frequency lists, http://www.kilgarriff.co.uk/bnc-readme.html
9. JACET Level Marker, http://www.tcp-ip.or.jp/~shim/J8LevelMarker/j8lm.cgi
10. SVL 12000, http://www.alc.co.jp/goi/PW_top_all.htm
11. Word Level Checker, http://someya-net.com/wlc/index_J.html
12. Compleat Lexical Tutor, http://www.lextutor.ca/vp/bnc/coca.html さらに2013年にNationによってCOCAが加えられ、25,000語（BNC-COCA 25K）に拡張された。
13. COCA Academic Vocabulary Lists, http://www.academicwords.info/

14. 同様の議論は BNC に対しても行われ始めており、website, blog などインターネット用語は BNC ではほとんど出てこないと言われている。(COMPARE: COCA AND THE BRITISH NATIONAL CORPUS, http://corpus.byu.edu/coca/help/compare_bnc.asp)
15. 2013 年に 2 つの New GSL が公開された。
A New General Service List (NGSL), http://www.newgeneralservicelist.org/
The New General Service List (new-GSL), http://corpora.lancs.ac.uk/vocab

参考文献

Abbott, Elizabeth. (1979) Teaching English Spelling to Adult Beginners. *ELTJ* 33 (2): 119–121.

相澤一美・石川慎一郎・村田年・磯達夫・上村俊彦・小川貴宏・清水伸一・杉森直樹・羽井左昭彦・望月正道 (2005)『JACET8000 英単語』桐原書店.

Andersen, William N. (1921) Determination of a Spelling Vocabulary Based upon Written Correspondence. *University of Iowa Studies in Education*, 2 (1).

アルク (2001)「標準語彙水準 SVL12000」(Standard Vocabulary List).

Biber, Douglas, Susan. M. Conrad, Randi Reppen, Pat Byrd, Marie Helt, Victoria Clark, Viviana Cortes, Eniko Csomay and Alfredo Urzua. (2004) Representing Language Use in the University: Analysis of the TOEFL® 2000 Spoken and Written Academic Language Corpus. *TOEFL® Monograph No. MS-25*. Princeton, NJ: ETS.

Black, John W. and Marian Ausherman. (1955) *The Vocabulary of College Students in Classroom Speeches*. Columbus, Ohio: Bureau of Educational Research, Ohio State University.

Carroll, John B., Peter Davies and Barry Richman. (1971) *The American Heritage Word Frequency Book*. Boston: Houghton Mifflin Company and New York: American Heritage Publishing Company.

千野栄一 (1986)『外国語上達法』岩波書店.

中條清美・竹蓋幸生 (1994)「現代英語のキーワード『プラスα 2000』—定義と効果の検証—」『千葉大学教育実践研究』1: 253–267.

Chujo, Kiyomi. (2004) Measuring Vocabulary Levels of English Textbooks and Tests Using a BNC Lemmatized High Frequency Word List. Nakamura, Junsaku, Nagayuki Inoue and Tomoji Tabata. (eds.) *English Corpora under Japanese Eyes*, pp.231–249. Amsterdam: Rodopi.

Chujo, Kiyomi and Masao Utiyama. (2005) Understanding the Role of Text Length, Sample Size and Vocabulary Size in Determining Text Coverage. *Reading in a Foreign Language* 17 (1): 1–22.

Chujo, Kiyomi and Shuji Hasegawa. (2006) An Investigation into the Star-Rated Words in English-Japanese Learner's Dictionaries. *International Journal of Lexicography* 19 (2): 175–195.

Chujo, Kiyomi and Kathryn Oghigian. (2009) How Many Words Do You Need to Know to Understand TOEIC, TOEFL & EIKEN? An Examination of Text Coverage and High Frequency Vocabulary. *The*

Journal of Asia TEFL 6 (2): 121–148.

中條清美 (2012)「コーパスの英語教育への実践利用に向けて」『日本英語教育学会第 42 回年次研究集会論文集』1–8.

Cobb, Tom. (2010) Learning about Language and Learners from Computer Programs. *Reading in a Foreign Language* 22 (1): 181–200.

Coxhead, Averil. (2000) A New Academic Word List. *TESOL Quarterly* 34 (2): 213–238.

大学英語教育学会教材研究委員会 (1983)『「英語購読用教科書のあり方」についてのアンケート調査報告「JACET 基本語第 2 次案」を中心に』.

大学英語教育学会基本語改訂委員会 (2003)『JACET List of 8000 Basic Words』.

Dahl, Hartvig. (1979) *Word Frequencies of Spoken American English*. Detroit, Michigan: Gale Research Company.

Dale, Edgar. (1931) Comparison of Two Word Lists. *Educational Research Bulletin* 10: 484–89.

Dale, Edgar and Jeanne S. Chall. (1948) A Formula for Predicting Readability. *Educational Research Bulletin* 27: 11–20, 37–54.

Davies, Mark and Dee Gardner. (2010) *A Frequency Dictionary of Contemporary American English: Word Sketches, Collocates, and Thematic Lists*. London and New York: Routledge.

Dolch, Edward W. (1936) A Basic Sight Vocabulary. *Elementary School Journal* 36: 456–460.

Eldridge, R. C. (1911) *Six Thousand Common English Words*. Niagara Falls.

Faucett, Lawrence and Itsu Maki. (1932, rpt. 1952) *A Study of English Word-Values Statistically Determined from the Latest Extensive Word-Counts*. Tokyo: Shinozaki Shorin.

Faucett, Lawrence, Harold E. Palmer, Edward L. Thorndike and Michael West. (1936) *Interim Report on Vocabulary Selection for the Teaching of English as a Foreign Language*. London: PS King & Son.

Fitzgerald, James A. (1934) The Vocabulary of Children's Letters Written in Life Outside the School. *Elementary School Journal* 34: 358–370.

Fossum, Ernest C. (1944) An Analysis of the Dynamic Vocabulary of Junior College Students. *Speech Monographs* 40: 88–96.

Fox, Jeremy and John Mahood. (1982) Lexicons and the ELT Materials Writer. *ELTJ* 36 (2): 125–129.

Francis, Nelson W. and Henry Kučera. (1982) *Frequency Analysis of English Usage: Lexicon and Grammar*. Boston: Houghton Mifflin Company.

Fries, Charles C. and Aileen A. Traver. (1950) *English Word Lists*. Ann Arbor, Michigan: The George EahrPublishing Co.（フリーズ・チャールズ　C.・アイリーン　A.トレィヴァー　増山節夫訳 (1958)『英語の制限単語表―教育語彙選定の方法と問題―』大修館書店）

French, Norman R., Charles W. Carter and Walter Koenig. (1930) The Words and Sounds of Telephone Conversations. *Bell System Technical Journal* 9: 290–324.

Gregory, C. A. (1923) The Reading Vocabularies of Third-grade Children. *Journal of Educational Research* 7

(2): 127-f131.

Harris, Albert J. and Milton D. Jacobson. (1972) *Basic Elementary Reading Vocabularies*. New York: The Macmillan Company.

Hindmarsh, Roland. (1980) *Cambridge English Lexicon*. Cambridge: Cambridge University Press.

北海道大学言語文化部英語教育系 (1995)「北海道大学英語語彙表」http://icarus.imc.hokudai. ac.jp/jugyo/huvl/.

Horn, Ernest. (1926) *A Basic Writing Vocabulary*. Iowa City: The College of Education, University of Iowa.

Howes, Davis. (1966) A Word Count of Spoken English. *Journal of Verbal Learning and Verbal Behavior* 5: 572-604.

Hyland, Ken and Polly Tse. (2007) Is There an'Academic Vocabulary'? *TESOL Quarterly* 41 (2): 235-253.

井上永幸・赤野一郎 (2003)『ウィズダム英和辞典』三省堂.

伊藤嘉一 (1977)「文部省訪問記」『英語教育』26 (6): 42.

Johansson, Stig and Knut Hofland. (1989) *Frequency Analysis of English Vocabulary and Grammar: Based on the Lob Corpus*. Oxford: Clarendon.

Jones, Lyle V. and Joseph M. Wepman. (1966) *A Spoken Word Count*. Chicago, Illinois: Language Research Associates.

Johnson, Dale D. (1971) A Basic Sight Vocabulary for Beginning Reading. *The Elementary School Journal* 72: 29-34.

Jordan, Eoin. (2012) Cognates in Vocabulary Size Testing: a Distorting Influence? *Language Testing in Asia* 2 (3): 5-17.

Judd, Elliott L. (1978) Vocabulary Teaching and TESOL: A Need for Reevaluation of Existing Assumptions. *TESOL Quarterly* 12 (1): 71-76.

垣田直巳監修 (1987)『英語教科書使用語彙』渓水社.

清川英男 (1976)「Spoken Word List に関する考察」『英語教育』25 (2): 42-46.

Kučera, Henry and Nelson W. Francis. (1967) *Computational Analysis of Present-Day American English*. Providence, Rhode Island: Brown University Press.

Laufer, Batia. (1997) The Lexical Plight in Second Language Reading. Coady, James and Thomas Huckin. (eds.) *S econd Language Vocabulary Acquisition: A Rationale for Pedagogy*, pp.20-34. Cambridge: Cambridge University Press.

Lee, W. R. (1963) Grading. *ELT* 17 (3): 107-112, 17 (4): 174-180.

Leech, Geoffrey, Paul Rayson, and Andrew Wilson. (2001) *Word Frequencies in Written and Spoken English: Based on the British National Corpus*. Harlow, UK: Pearson Education Limited.

Lorge, Irving. (1949) *The Semantic Count of the 570 Commonest English Words*. Institute of Psychological Research, Teachers College, Columbia University.

Mackey, William F. (1965) *Language Teaching Analysis*. London: Longmans. (マッケイ・ウィリアム F.

伊藤健三他訳(1979)『言語教育分析』大修館書店)

Mackey, William F. and Jean-Guy Savard. (1967) The Indices of Coverage: A New Dimension in Lexicometrics. *IRAL* 5 (1–4) : 71–122.

Magni, J. A. (1919) Vocabularies. *The Pedagogical Seminary* 26 (3) : 209–233.

McArthur, Tom. (1981) *Longman Lexicon of Contemporary English*. Burnt Mill, Harlow: Longman.

望月正道 (1998)「日本人学習者のための英語語彙サイズテスト」『語学教育研究所紀要』12: 27–53.

村田年 (1979)「*Longman Dictionary of Contemporary English* の語義記述の分析」『千葉大学教養部研究報告』B-12: 105–117.

Nakao, Keisuke. (1989) English-Japanese Learners' Dictionaries. *International Journal of Lexicography* 2 (4) : 295–314.

Nation, Paul. (1990) *Teaching and Learning Vocabulary*. Boston: Heinle & Heinle Publishers.

Nation, Paul. (2001) *Learning Vocabulary in Another Language*. Cambridge: Cambridge University Press.

Nation, Paul. (2004) A Study of the Most Frequent Word Families in the British National Corpus. Bogaards, P. and Laufer, B. (eds.) *Vocabulary in a Second Language: Selection, Acquisition and Testing*, pp.3–13. Amsterdam: John Benjamins.

Nation, Paul. (2006) How Large a Vocabulary Is Needed for Reading and Listening? *Canadian Modern Language Review* 63 (1) : 59–82.

Nolte, Karl F. (1937) Simplification of Vocabulary and Comprehension in Reading. *The Elementary English Review* 14: 119–124, 146.

Ogden, Charles K. (1930, rpt. 1983) *The Basic Words*. Tokyo: The Hokuseido Press.

Palmer, Harold E. (1931, rpt. 1981) The Standard English Vocabulary. 『英語教授法事典』, pp.281–318, 開拓社.

Richards, Jack C. (1970) A Psycholinguistic Measure of Vocabulary Selection. *IRAL* 8 (2) : 87–102.

Richards, Jack C. (1974) Word Lists: Problems and Prospects. *RELC Journal* 5 (2) : 69–84.

Rinsland, Henry. D. (1945) *A Basic Vocabulary of Elementary School Children*. New York: The Macmillan Company.

Roberts, Aaron H. (1965) *A Statistical Linguistic Analysis of American English*. The Hague: Mouton & Co., Publishers.

齊藤俊雄・中村純作・赤野一郎編 (2005)『英語コーパス言語学―基礎と実践―』(改訂新版) 研究社.

Schonell, Fred J., Ivor G. Meddleton *et al.* (1956) *A Study of the Oral Vocabulary of Adults*. Brisbane: University of Queensland Press and Warwick Square: University of London Press Ltd.

Sinclair, John M. (1987) *Looking up: An Account of the COBUILD Project in Lexical Computing*. London: Collins.

染谷泰正（2009）「オンライン版『英文語彙難易度解析プログラム』(Word Level Checker) の概要とその応用可能性について」『青山学院大学文学部紀要』51: 97–120.

Spache, George. (1953) A New Readability Formula for Primary Grade Reading Materials. *Elementary School Journal* 55: 410–413.

Summers, Della et al. (1987) *Longman Dictionary of Contemporary English*. Burnt Mill: Longman.

Svartvik, Jan and Randolph Quirk. (1980) *A Corpus of English Conversation*. Lund: C. W. K. Gleerup.

竹蓋幸生（1981）『コンピューターの見た現代英語』エデュカ出版.

竹蓋幸生（1988）「キーワード 5000: SYSTEM について」『言語行動の研究』（千葉大学英語学・言語行動研究会）1: 88–93.

竹蓋幸生・中條清美（1988）「白色語彙・マーク VI 作成の試み」『言語行動の研究』（千葉大学英語学・言語行動研究会）1: 81–87.

竹蓋幸生・水光雅則（2005）『これからの大学英語教育―CALL を活かした指導システムの構築―』岩波書店.

投野由紀夫（2004）『NHK100 語でスタート！英会話コーパス練習帳』NHK 出版.

投野由紀夫（2008）『エースクラウン英和辞典』三省堂.

Thorndike, Edward L. (1921) *The Teacher's Word Book*. New York: Teachers College, Columbia University.

Thorndike, Edward L. and Irving Lorge. (1944) The First 1, 000 Words. *The Teacher's Word Book of 30, 000 Words*. New York: Bureau of Publications Teachers College, Columbia University.

東京都中学校英語教育研究会研究部（1986）「英語基本語彙 1,000 語，補足 460 語，外来語（英語）400 語」『語彙と英語教育(9)』.

Van Ek, Jan A. and Louis G. Alexander. (1975) *The Threshold Level English*. Oxford: Pergamon Press.

Van Ek, Jan A. (1976) *The Threshold Level for Modern Language Learning in Schools*. Burnt Mill: Longman.

West, Michael. (1953) *A General Service List of English Words*. Burnt Mill: Longman.

ウィルキンズ・デイビッド A. 天満美智子訳（1975）『言語学と語学教育』研究社出版（Wilkins, David A. (1972) *Linguistics in Language Teaching*. London: Edward Arnold.）

Yamada, Shigeru and Yuri Komuro. (1998) English Lexicography in Japan: Its History, Innovations and Impact. In McArthur, Tom and Ilan Kernerman. (eds.) *Lexicography in Asia*, pp.149–166. Tel Aviv: K Dictionaries Ltd.

III

コーパスと英語教授

羽山恵

1. コーパスを利用した英語教授方法とそれに関わる変数

　コーパス言語学の発展とともに、コーパスを各種言語研究のみならず言語教育にも応用しようという提案や実践がなされるようになった。もともとは、言語学習にとってもっとも重要な教材の1つである辞書へのコーパス利用が始まりであったといえるが、その後学習語彙表や文法書、スピーキングやライティング能力育成のための教材に関しても、コーパスを基礎資料としたものがますます増えている。一方で、コーパスそのものを教材とみなし、学習者が直にデータに触れ、得られる情報を言語学習に生かそうという考え方もある。このような方法は、「データ駆動型学習」(data-driven learning: DDL) (Johns 1991) と呼ばれる。このような2つのタイプのコーパス利用のことを、前者を特にコーパスの教育への間接利用 (indirect use of corpora)、後者を直接利用 (direct use of corpora) と言う (Leech 1997)。本章では、これら2つに大別できるコーパスの英語教授への応用について、これまでに実践あるいは提案されてきた方法を例示しながら紹介する。

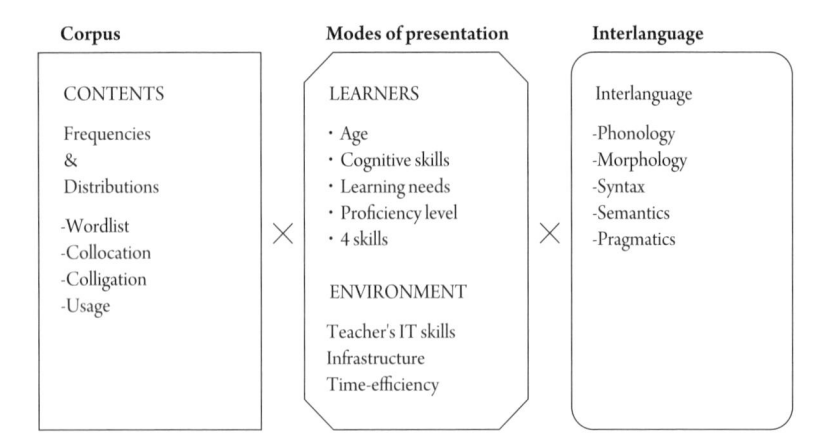

```
Corpus                    Modes of presentation        Interlanguage

CONTENTS                  LEARNERS                     Interlanguage
Frequencies               ・Age                         -Phonology
&                         ・Cognitive skills            -Morphology
Distributions             ・Learning needs              -Syntax
                     ×    ・Proficiency level      ×    -Semantics
-Wordlist                 ・4 skills                    -Pragmatics
-Collocation
-Colligation              ENVIRONMENT
-Usage
                          Teacher's IT skills
                          Infrastructure
                          Time-efficiency
```

図1. コーパスの教育利用における変数(投野 2003)

　それに先立ち、コーパスの教育的利用に関わる各種変数を整理しておきたい。投野(2003)は、直接的・間接的利用という視点以外に、もっと教育現象の変数定義という点からの整理が必要だと指摘している。それを図1のように、(1)教材・教具としてのコーパスの内容に関する変数、(2)提示するモードに関する変数、(3)学習者の中間言語(interlanguage)の発達過程において変容を期待する部分に関する変数の3カテゴリーを提示している。

　現在ではますます多様なコーパスが存在し、教育に利用しようという方法論についても大きな進歩や具体的事例の報告が見られる。その結果、数多くの変数がコーパスの言語教育利用に関わるようになった。それらを網羅的に把握できるよう、本節以下では、投野(2003)に倣いながらもより根本的な視点を含み、コーパスの教育への応用に関わる変数を整理・列挙する。

1.1.　コーパスに関わる変数

　言語教育のために利用するコーパスといえば、学習者にとってお手本となる母語話者の発話を集めた、いわゆる大規模な母語話者コーパスがまずは挙げられるだろう。最近はESP/EAPコーパスの出現もめざまし

く、自分が身につけたい知識や技能と直結しているコーパスを選択することも、しばしば提案されている。また、特にライティング学習などでは、同じ立場である学習者のコーパスデータを参照して、そこに出現する誤りや学習者ならではのアウトプットを見つけ出すことにより、自らのライティングパフォーマンスを振り返ることも有効だとされている（たとえば、昭和女子大学学習者コーパス研究グループ 2007）。また、目標言語とそれを翻訳した母語とのパラレルコーパス（Chujo, Utiyama and Miura 2006）、そして graded reader や検定教科書などのデータをコーパス化したものも、未だ具体的な実践例は少ないものも、その性質から教育への利用価値が十分高いと考えられる。図 2 では投野（2003）で提示されているものを細分化し、コーパス内に見られる教育者・学習者が「利用する言語情報」と、コーパス分析の結果「利用するデータ集約情報」を区

使用するコーパス

- 大規模な母語話者コーパス
- 小規模な特殊コーパス（ESP/EAP コーパスを含む）
- 学習者コーパス
- パラレルコーパス
- 教材コーパス

利用する言語情報

- 音声情報
- 語彙情報
- 連語情報（コロケーションを含む）
- 文法情報（語法、コリゲーションを含む）
- レジスター・ジャンル情報
- 談話情報
- 語用情報

利用するデータ集約情報

- 頻度
- 分布
- 例文

図 2. コーパスの教育利用における変数（コーパスに関わるもの）

別した。

1.2. 利用（者）に関わる変数

　誰がどのような状況においてコーパスにアクセスするのかということも、学習者、教授者、そして教材作成者という複数の立場にいる人間が複雑に絡み合う教育の場面においては、非常に重要な変数となる。上述の直接利用では、コーパスを触るのは学習者本人ということになる。一方で、コーパス準拠の教材を作成する場合は、研究者あるいは専門の執筆・編集者がコーパスを分析し、必要と思われる情報を加工する。また、語学教師がコーパスを分析し、そこから自分が教えている生徒たちにとって有益だと思われる情報を選びタスクを課すということもあり得る。次の「学習環境」の諸変数によっては、生徒たち一人一人がコンピューターに向かうことが難しい場合もあるだろう。教師が予め分析し、抽出したコンコーダンスラインのワークシートなどを作成、配布したものを教材とすることもある。英語教師がコーパスを利用することの利点や方法については、鷹家・須賀(1998)が詳しく論じている。

コーパスにアクセスする人
■ 学習者自身
■ 学習者を指導する教師
■ 教材編集・執筆者
学習環境
■ コンピューターリテラシー
■ コンピューターやインターネット環境
■ 学習にかけられる時間

図3.　コーパスの教育利用における変数(利用(者)に関わるもの)

1.3. 目的に関わる変数

　対象としている学習者の持つ変数を考慮することで、コーパスをどのように利用することが有効に働くか、あるいはそもそもコーパスを用い

ることが適切かどうかを判断することになる。DDL のように学習者自身が探索を行う方法は、彼らにある程度の言語知識が備わっている必要があり、また探索を続けられる限り十分に動機付けされていなければならない。また、以前はコーパスを用いた教育が対象とするのはもっぱら語彙力、文法知識だったが、コーパスの種類が豊富になったり、教材へのコーパス分析結果の反映の仕方が洗練されてきたことなどから、教授・学習の対象となるスキルの可能性も広がった。

対象学習者
- 年齢
- すでに持っている目標言語の知識・能力
- ニーズ
- モチベーション
- 認知スキル

発展させたい知識・能力
- 語彙知識
- 文法知識
- スピーキング能力
- ライティング能力
- リスニング能力
- リーディング能力

図 4. コーパスの教育利用における変数（目的に関わるもの）

2. コーパスの直接利用
DDL

DDL は心理学研究分野で使われていた用語だが、Tim Johns が言語教育に応用し広く知られるようになった[1]（Johns 1991；齊藤・中村・赤野 2005）。本節では、DDL の特徴と利点、実践例、その有効性の検証、そしてこれまで指摘されてきた問題点と今後の課題を概観する。

2.1. DDLの特徴と利点

　DDLは、言語教育分野におけるいわゆるCALL (computer assisted language learning) の一種だといえる。その特徴は、学習者自身が手元の情報源(コーパス)を探索することによって、特定の言語使用の規則性を見つけ出し学習することである。「どのように学ぶのかを学ぶ('learn how to learn')」というストラテジーを育て、学習者の自律性(autonomy)を促すとされている (Johns 1986, 1988, 1991)。学習者は'researcher'または'language detective' (Johns 1997) となって活動することを期待される。DDLにおいて彼らがとるべき基本的な手順は、発見(identify) – 分類(classify) – 一般化(generalize) とされる (Johns 1991)。この手順はCarter and McCarthy (1995) においては、Illustration (実例提示) – Interaction (実例の検討) – Induction (実例からのパターンの抽出)の3I型と呼ばれ(石川2008)、言語教育において伝統的に行われてきた3P型の方法、つまりPresentation (モデル提示) – Practice (練習) – Production (産出)からの転換のきっかけになり得るとされている。それはつまり教師主導型(teacher-led)から学習者主導型(learner-led)への移行であるといえる。日本の英語教育についても、リメディアル教育の重要性が訴えられている現在[2]、学習者が自ら学ぶ意欲を持ち、その方法を知り、自力で学習を進めていく方法論を確立することは、非常に重要だと考えられる。

　DDLの有効性を、第二言語習得(SLA)研究分野で提案されてきた理論と照らし合わせるならば、大量のデータを学習者自身が探索している最中に起こる「気づき(noticing)」(Schmidt 1990, 1994, 2001) との関連がしばしば挙げられている (Aston 2001; Meunier 2002; Mauranen 2004; 中條、2008; Chambers 2010 など)。また、Cheng (2010) では、暗示的知識(implicit knowledge)と明示的知識(explicit knowledge)との関係性が論じられている。前者は意味中心の活動を通じて意識化を伴わずに習得される知識で、後者は明示的な教授を通して意識化が起こりそれにより獲得される知識である。Kennedy (2003) によると、言語の項目、パターン、ルール('language items, patterns, and rules')とともに明示的教授が行われると、暗示的言語処理が促進される。そして言語教材としてコーパスを使用する

ことは、両方の知識の獲得に貢献するとされている (Cheng 2010)。また DDL は、SLA 研究分野や教育実践の場においてすでに長い間関心を集め、その有効性も実証されている帰納的な学習 (inductive learning) と関連が深い (Mohamed 2001; Tomasello and Herron 1988, 1989)[3]。『応用言語学事典』の記述によれば、帰納的な指導は学習者の内部で習得が自然に起きることを促すとされる。学習とは本質的には帰納的なプロセスで、その過程で明示的説明や記述が与えられることで促進されるのだという。しかし、従来の帰納的学習と DDL が全く同じことを意味しているわけではなく、Johns (1991) は以下のように述べてその決定的な違いを示している。

> What is distinctive about the DDL approach to inductive language teaching is the principle that the data is primary, and the teacher does not know in advance exactly what rules or patterns the learners will discover: indeed, they will often notice things that are unknown not only to the teacher, but also to the standard works of reference on the language. It is this element of challenge and of discovery that gives DDL its special flavor and stimulus. (Johns 1991: 3)

つまり DDL において学習の主体はデータであり、それを操る学習者を教師は黙って見守る立場にあるというわけだ。得られる結果は教師の予期しないものであったり、市販の教材に記述されていないことかもしれないが、それこそが DDL の魅力であるとしている。また Gavioli (2001) は、DDL はコーパスを用いなければ到底叶わない豊富な例 ('example') を学習者に提供することができ、コーパスを用いずに行っている教授法で学習者に与えているのは、教師や教材作成者が作ったサンプル ('sample') だとしている。これもまた、DDL を従来の帰納的教授法と区別する観点になる。

　DDL の形式については、(1) 学習の達成プロセスと (2) 提示と作業方法の2つの次元において、複数の種類がある。Leech (1997) によると、前者に関してはたとえば「convince と persuade の違いは何か」といった、探

索・発見すべきものが教師によって予め指定され、活動に参加している学習者たちの答えが最終的には収束することが期待されているものがある。これは「収斂型 (convergent)」と呼ばれる。一方でたとえば、「母国語から目標言語への翻訳が単語を一対一対応させるだけではすまないものは何か、パラレルコーパスを用いて見つけなさい」といった、得られる結果が学習者個人によって様々に異なる場合がある。これは「拡散型 (divergent)」と呼ばれる[4]。上述したように、本来 Johns が勧めていたのは後者の方だが、学習すべき事項がある程度定まっている場合や、学習者の言語能力が低い場合、そして学習者が自由にコーパスを操ることに対して制約がある場合 (一人一台コンピューターを使えない、時間がかけられないなど)、前者の方法がとられることが多いだろう。またその場合は、必ずしも学習者自身に生のデータをいじらせるのではなく、教師が予め作成したコンコーダンスラインをハンドアウト形式にして提示し、作業を促す方法もとられる。たとえば Thurstun and Candlin (1997) や Tribble and Jones (1997)、Bennet (2010) などには、そのまま印刷して使用できるような DDL ワークシートが比較的豊富に掲載されている[5]。

2.2. DDL の実践例

DDL の実践例はこれまで多くの論文等によって紹介されてきた[6]。その中から本稿では、日本人英語学習者を対象に行われた実践例を2つ、学習者コーパスを用いた例を1つ紹介する。それぞれについて、前節に記した変数が異なるので、その点に留意しながら参考にされたい。

BNC を用いた日本人大学生への英語コロケーション指導例 (梅咲 2008)

梅咲 (2008) で使用しているコーパスは、大規模な汎用コーパスの代表である British National Corpus (BNC) で、受講者には主に語句検索や共起検索をさせている。コンコーダンスラインからある語句の使われ方を推測させたり、頻度情報から特定の語ともっとも強く結びつく単語を探させたりしている。学習者はある程度基礎的な能力を持っている大学生であり、学習者自身がコンピューターを用いて直接コーパスにアクセスし

たり[7]、教員が予め行った分析からハンドアウトを作成し学生たちに配布したりしている。この DDL 実践の主要な目的はコロケーション知識の獲得だが、学習者が与えられたものを認知(reception)するだけでなく、自ら産出(production)できるようになるための橋渡しとして、穴埋め形式の和文英訳問題なども課している。

　コーパスに見られる用例から学習者が規則性を発見することを期待している課題例として、raise an eyebrow (at) または raise one's eyebrows (at)「(…に対して)眉をあげる[ひそめる]、驚きや非難をあらわす」の用法を挙げている。英和辞書における記載では、この場合の主語は眉をひそめる行為者であるのが、ときに「眉をひそめる」という行為の対象が主語になる。このことを学習者に気づかせるために、以下のような raise an eyebrow のコンコーダンスラインと設問を学習者に与えた。

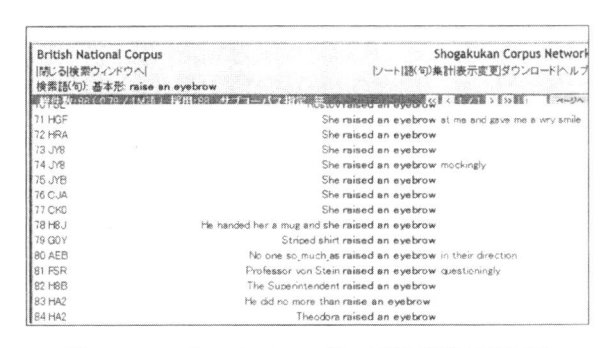

図 5.　raise an eyebrow のコンコーダンス画面(梅咲 2008 より)

> (3) I myself have five children and in England this raises an eyebrow, but in Kenya I was often asked would I be having another soon. (BNC A7K)
>
> (4) Striped shirt raised an eyebrow. (BNC G0Y)
>
> (5) He raised an eyebrow at the way she sat in the car, her feet together, her hands in her lap, her back stiff and her eyes looking straight ahead, a set expression on her face. (BNC H8J)
>
> (6) 設問：辞書で eyebrow を引き、raise an eyebrow の説明を読みなさい。(5) の下線部はどのような意味でしょう。(5) では主語の he は raise an eyebrow を行う人ですが、(3) (4) の主語は raise an eyebrow を行う人でしょうか。そうでないとすれば、どのような働きをしていますか？

図 6. raise an eyebrow についての課題例（梅咲 2008 より）

また、産出を取り入れたコロケーション知識獲得のための課題には、たとえば以下のようなものがある。

> (46-1)　　大改装の一環として、柱は朱塗りにされた。
> 　　　　　As part of (　) refurbishment, the pillars were lacquered in red.

図 7. コロケーション穴埋め問題の課題例（梅咲 2008 より）

　これに対して受講生は refurbishment と共起する形容詞を検索し、「大改修」に相当する表現として complete, major, extensive がよく用いられていることを知る（図 8）。また検索結果を見ると、日本語の「大」から学習者が選んでしまいそうな great や large は出てきていない。梅咲 (2008) によるとこれは英語母語話者の見解とも一致するとのことで、コーパスから得られる情報が自然な英語を習得するのに有効なツールであると述べられている。ここで紹介されている方法はいずれも収斂型 (convergent) であり、一般的な英語授業において取り入れやすい例だと思われる。

Rank	-5..-1		-5		-4		-3		-2		-1		0	1	2	
	中心語の品詞指定 なし 共起語の品詞指定 AJ.*															
1	complete	20	able	1	new	3	major	2	new	2	complete	18	refurbishment 376	existing	3
2	major	19	additional	1	final	2	new	2	available	1	major	15		heavy	2
3	new	8	available	1	advantageous	1	total	2	flat	2	extensive	7		necessary	2
4	extensive	7	big	1	complete	1	ambitious	1	general	1	total	3		new	2
5	total	6	careful	1	fund-raising	1	complete	1	happy	1	internal	2		ancient	1
6	final	5	free	1	increasing	1	confident	1	head	1	sensitive	2		bad	1
7	ambitious	2	ideal	1	joint	1	domestic	1	inner	1	14-day	1		due	1
8	available	2	largest	1	likely	1	essential	1	international	1	ambitious	1		european	1
9	careful	2	latest	1	long	1	extra	1	local	1	award-winning	1		future	1
10	general	2	listed	1	major	1	heavy	1	major	1	careful	1		high	1
11	internal	2	national	1	necessary	1	imaginative	1	massive	1	comprehensive	1		high-rise	1
12	periodic	2	new	1	periodic	1	periodic	1	only	1	considerable	1		industrial	1
13	sensitive	2	practical	1	scottish	1	present	1	physical	1	ensuing	1		initial	1
14	substantial	2	reliable	1	southern	1	prime	1	substantial	1	excessive	1		innovative	1

図 8. refurbishment と共起する形容詞の検索結果(梅咲 2008 より)

パラレルコーパスを用いた文法シラバスの構築例(中條 2008)

DDL は学習者主導の発見学習法であることから、一般的に上級学習者に適しているとされるが、中條(2008)[8]では日英パラレルコーパスを用いることによって初級者にも応用可能だとしている。以下図9は、パラレルコーパスのスクリーンショット例である。

図 9. usually の検索結果画面(中條 2008 より)

また継続的・体系的に DDL を実践するため、DDL を取り入れた2年間の CALL 授業計画を提案し、実践の報告をしている。授業計画は以下表1のように示され、大学1年生時に DDL による文法学習が行われることになっている。また、1つの授業の流れについても手順が紹介されている(表2)。

表1. DDLを取り入れた大学1・2年生のCALL授業計画（中條2008より）

学年	期別	授業前半	授業後半
1年	前期	DDL 文法1	Web 語彙1
	後期	DDL 文法2	Web 語彙2
2年	前期	CD-ROM 文法	Web 語彙3
	後期	CD-ROM リスニング	

表2. 授業の流れ（中條2008より）

授業の流れ	時間	学習活動	学習形態
復習と確認	15分	語彙復習小テスト	全体学習
	10分	Follow-up プリントの回答と解説	
導入と展開	30分	DDL：仮説形成ワークシート使用	個別学習
	5分	DDL 学習項目の明示的説明	全体学習
	20分	Web 語彙力養成教材学習	個別学習
まとめ	5分	Web 語彙定着確認テスト	全体学習
	5分	Follow-up プリントの配布	

　これは実際に2007年4月～12月に、理工系の大学1年生（77名）を対象に行われた授業であり、体系立っていることに加え、全体学習と個別学習のバランスがとれていることがわかる。「DDL：仮説形成ワークシート」というのは、中條（2008）に載せられている例によると以下図10のようなものだ。

　また中條（2008）では、DDLを取り入れた文法指導効果を検証するため、指導前後で4種類（合計127問）のテストを実施し、その有意差を求めた。その結果、ほとんど全ての項目について有意な向上が見られた。前年度に実施されたやはりパラレルコーパスを用いた指導では、事前事後テストでの得点の上昇は断片的だったが（中條他2007）、学習者の中で育った仮説について明示的説明を与えることによってその理解を深め、合わせて宿題によってよりいっそうの知識の内在化が進んだと解釈している。

Task 1 （他動詞と自動詞）

discuss を検索しよう。discuss の右側にはどのような語句が来ているかを調べよう。

その際、例に示したような名詞句や wh 節を探して 1 つあげてみよう。

  ・a で始まる名詞句　　　　　　例　discuss a wide range of topics

  ・the で始まる名詞句　　　　　例　discuss the case

  ・a で始まる名詞句　　　　　　例　discuss a wide range of topics

  ・the で始まる名詞句　　　　　例　discuss the case

次に、happen を検索しよう。happen の右側に名詞句は来ていますか？　Yes / No

Task 2 （To 不定詞と動名詞）

次の search term を検索し、「動詞＋to 不定詞」「動詞＋動名詞」の出現状況を調べよう。

Search term	動詞＋to 不定詞	動詞＋動名詞
	Yes / No	Yes / No
	Yes / No	Yes / No
	Yes / No	Yes / No
	Yes / No	Yes / No
	Yes / No	Yes / No

図 10.　仮説形成ワークシートの一部（中條 2008 より）

　一方で Chujo, Anthony, Oghigian and Uchibori (2012) では、紙媒体の DDL、コンピューターを用いた DDL、両方を取り入れた DDL という 3 つの学習方法の効果を比較検証した。その結果、全てのグループが十分な学習効果を挙げたが、グループ間には有意差が見られなかった。つまり、コンピューターを用いているということよりも、DDL という認知プロセス自体（気づき、仮説構築、仮説検証など）が効果を発揮すると言える。コーパスは教材作成の基礎資料とし、学習の媒体は環境や条件によって調整可能であり、より自由度の高い DDL の可能性が示唆されている。

学習者コーパスを用いたライティング指導例（Bennett 2010）

　学習者コーパス構築の方法論の発達により、世界中で多くの学習者コーパスが編纂、公開されてきている。その中でも学習者の目標言語によるエッセイを収集したものはその原点と言え、1990 年代から ICLE (International Corpus of Learner English) (Granger 1998)、香港科学技術大学

(HKUST) Learner Corpus (Hyland and Milton 1997)、JEFLL Corpus (投野 2007) などが作られてきた。これらの学習者コーパスは、中間言語の特徴の抽出や発達段階の記述など、主に SLA 研究に貢献してきた。しかし、近年授業などを通じて比較的容易なデータ収集が可能になったことで、特定の大学に所属する学生によるライティングコーパスが多く出現し始めている。それらは非常に小規模で限定的であっても、同じような能力を持ち、同じような学習環境にいる学習者に提供することで、かえって高い効果を発揮する可能性がある[9]。また、たとえコーパスが小規模であっても、必要な情報が含まれているという保証があることで問題にはならず、その方がむしろ教師や学習者にとって扱いやすいという利点もある。

Bennett (2010) が紹介しているのは、教師が自分の学生たちのエッセイに対して誤り分析 (error analysis) をした上で、彼らにとって特別な手当が必要と思われる項目を特定し、DDL を行う方法である。そのためには、以下のものが必要だとしている；1. エラータグのセット、2. 学習者のエッセイ、3. 協力者、4. コンコーダンサー、5. 教室で使用するマテリアル。ここでは、Ferris (2008) が提案しているエラーのカテゴリーに従い、1 つ 1 つのエッセイにエラータグを付与している。その例が下図 11 である。

> First, while Melba was with_*o* other eight_*~* Little Rock_*c* their conversation had became_***nonid*** to advise one another where to be for_***wc*** not being_***wc*** attacked, the reason why they no longer went in_***wc*** places where they could be attacked easily_*c* like:_*/* in the cafeteria_***ro*** for example_*c* melba had decided to bring her sandwich and eat being_*/* in a safe place, in other places like in the restroom, the corridors,_*o*… where they could not escape easily_*?*, this show_***sva*** that she_*/* that_*/* Melba had became_***vf*** a warrior who had to decide where to be,_***cs*** to protect her self.

図 11. エラータグ付与された学習者エッセイ (Bennett 2010 より)

そして、コンコーダンサーを用い各エラーの頻度を求めた。その結果、Bennett (2010) の例ではコンマに関わるものが最も多く、全体の

20%を占めていた。そこで、タグを取り払い見やすく加工したコンコーダンスラインのハンドアウトを作成し、学習者にそこに含まれるエラーを特定させる。これを意識化活動 (consciousness raising/noticing activities) としている (図 12)。この後、明示的な説明、練習へと続く。

> Melba went through a wild life at Central High like having her peers chasing her.
>
> Their conversation became about things like places where they could be attacked easily like in the cafeteria.
>
> Seeing that there were people opposing their presence in Central High some students refused to participate.
>
> The fact that some students seeing that there were people opposing their presence in Central High….
>
> Once inside Central High Melba accepted to not fight back.
>
> When she attended Central High Mebla felt responsible for the inconveniences.
>
> Even though her life was changing she had one general goal to reach.
>
> Second, as a young person she really did not like to stand there.
>
> Even though what she endured was too much for a little girl the result was worth it.
>
> When Melba was with the other Little Rock Nine their conversation became different.

図 12. 意識化活動のためのマテリアル：コンマエラーを含む (Bennett 2010 より)

この実践例の特徴は、上述したように自分が教えている学習者から集めた小規模データを活用しているという点である。(特に日本の) 英語教育現場にいる教師には、研究や新しい教授法を試みるための準備に割ける十分な時間がない。もし新たに DDL を始めてみたいと思っても、数あるコーパスと分析ツールの中から何を選択するのが適切なのか、調査、吟味、決定、試行することは難しい[10]。ここで挙げたように、生徒たちのエッセイを添削する感覚で誤り分析を行い、多くの生徒たちにとって必要な項目を効率的に抽出し指導につなげられれば、作業に費やす時間と労力に対してもその効果は大きいと思われる。

2.3. DDL の効果検証

DDL の効果については、実践例とともに参加者の肯定的な感想や、

授業実践者の手応えが報告されてきた。しかし、それが科学的手法によって実証されたかというと、まだ十分な結果が得られていないというのが現状だ。Boulton (2008) ではDDLを評価する観点として、以下の3つを挙げている；(1) 態度 (attitude、参加者がDDLをどう感じたか)、(2) 実行 (practice、学習者はDDLをうまく行えていたか)、(3) 有効性 (efficacy、DDLによって学びは起こったか)。Gilquin and Granger (2010) は、たとえ (1) と (2) について高評価を得たとしても、究極的に重要な (3) が確証されなければDDLを行うメリットはないとしている。また過去に行われた先行研究についても、数量的分析や、たとえばDDLを行うグループに対してコントロールグループを設けるなどの妥当なリサーチデザインに基づいていなければ、DDLの有効性はいまだ実証されないとしている。投野 (2003) においても、複雑に関連し合う変数をコントロールした上で行われる効果検証の重要性、必要性が指摘されている。SLA研究分野においては、実証研究の方法論は十分に発展し洗練されている。それらを応用し効果が確証されることも、今後DDLが言語教育現場にいっそう普及されるために必要だろう。

2.4. DDLの問題点と課題

DDL初期の頃、Johns (1991) によって指摘された問題点の1つに、皮肉にもデータの真正性 (authenticity) に関わるものがあった。われわれが皆承知しているように、「本物」を学習資料として使っていることにより学習者は強く動機付けられ (O'Keefe, McCarthy and Carter 2007; Bennett 2010)、記憶の保持も強化される (Reppen 2010) と言われている。しかし一方で、「使われないものはコーパスに存在しない」という 'negative evidence' のために、過剰般化 (over-generalisation) が起こる可能性について、Johns (1991) では注意を促している。

それから20年ほど後、多くのDDLの実践例を踏まえてChambers (2010) やGilquin and Granger (2010) はより体系立ててDDLの課題を挙げている。Chambers (2010) によると、それは (1) 時間がかかり、面倒で、ダラダラと長引いてしまいがちだということ (Cheng, Warren and Xun-feng

2003, Yoon and Hirvela 2004; Chambers 2005)、そして (2) DDL に用いるコンコーダンスラインでは十分な文脈が提供されない (Widdowson 2000) ということである。しかし Chambers (2010) は、前者は扱いやすいコーパスやツールを用い、教師が予めある程度の準備をしておくことで解決され、2つ目の批判については、コンコーダンスラインからテキスト全文を読む機能を活用すれば、従来の教科書よりもはるかに豊富な文脈を提供できるとしている。

　Gilquin and Granger (2010) は、(1) ロジスティックス要因、(2) 教師要因、(3) 学習者要因、そして (4) DDL のコンテンツ要因という4つのカテゴリーから、DDL に起こりうる問題点をまとめている。ロジスティックス面とはつまり、コーパスやコンコーダンサーなどを用意するための費用がかかったり、教師がマテリアルを作ったり生徒が DDL に取り組めるようにトレーニングしたりすることに時間と労力がかかることを指している。2つ目の教師に関わる点から DDL の問題点、特に DDL がなかなか行われない理由を説明するならば、彼らがコーパスや DDL のことをよく知らないこと、DDL の効果に懐疑的であることを挙げている。また、DDL の特徴の1つである学習者主導の活動によって、学習者が自分の手の届かないところへ行ってしまうのを恐れているということも指摘されている (Boulton 2009)。学習者要因については、コーパスの分析手順や DDL で求められていることに十分に応えられる知識やスキルがない場合、学習者が活動を通して何も見つけられないことや、発見から推測をしたがそれが誤っていることが問題点として挙げられている。その上で、学習者が効果的に活動を進められるように事前指導を行う必要性や (Sripicharn 2010)、DDL は特定の学習者 (特定の学習スタイル) のみに適していることに言及している。4つ目のコンテンツについては、コーパスやそこから得られる (たとえば頻度) 情報を盲目的に信じることに問題があるとしている。たとえばコーパスを検索した結果、該当する例が1件も得られなかった場合、「そういう表現は存在しない」のかそれとも「このコーパスに出てこなかっただけ」なのか、使い手が注意深く判断しなくてはならない。

3. コーパス準拠の学習教材

　言語教育へのコーパスの間接利用として、投野 (2003) では以下の 8 つを挙げている；(1) 学習辞典、(2) 学習文法書、(3) 教科書、(4) シラバス、(5) 学習語彙表、(6) 言語テスト、(7) 教員研修、(8) 言語習得研究。(3)、(4)、(6)、(7) については、「まだほとんど手付かずか、ようやくその緒に就いた」(投野 2003: 253) と指摘されている状態から、この 10 年で大きく進歩した感はない。代わって近年盛んに目にするようになってきたのが、コーパス準拠 (corpus-based, corpus-influenced) の学習教材である。それらはコーパスデータ分析、特徴の抽出のしやすさから語彙・文法に関わるもの、あるいはコーパスが話し言葉または書き言葉の集合体だという特性上、スピーキングやライティングの練習教材であることが多い。本節ではそれらのうち、日本人英語学習者を対象とした英会話教材『100 語でスタート！ 英会話』と、世界中でよく知られ、広く用いられている総合的コミュニケーション能力育成教材 *Touchstone* を紹介する。

　これら 2 つはいずれも著名なコーパス言語学者によって作成され、コーパス言語学の研究分野で生まれ用いられてきた分析手法を複数使い、扱う語彙、文法、例文を選定している。コーパスに準拠している、つまりここで扱われている事項は現実世界において使われている妥当なものだという意図が、明確に示されている。一方で、コーパスを分析した結果を教材に反映するという、これまで言語教育界一般には馴染みが薄かったことをしながらも、その提示の仕方に工夫が施され、言語教材として使用者を十分に惹きつけるものになっている。これは両著者ともが教育者としての専門的知識や経験を豊富に持ち、第二言語習得、シラバスデザイン、プレゼンテーションに対しての造詣が深いためだと言える。

3.1. 『100 語でスタート！ 英会話』

　『100 語でスタート！ 英会話』は、投野由紀夫氏の発案、テキスト執筆、監修、出演によって、2003 年 4 月から NHK E テレ (当時の教育テ

レビ)で放送された 10 分間の英会話学習番組である。半年間(全 100 回)を 1 クールとし、コーパスから得た統計データを基に 100 単語を取り上げ[11]、それらの単語が一般的な英会話においてどのように使われやすいかを、ランキングやスキットを通して提示、解説した。100 万人以上が視聴するという人気番組となり、2004 年度、2005 年度も引き続き新しいシリーズが制作・放送され、関連本が多く刊行された(投野 2004a, 2004b, 2005a, 2005b, 2006, 2008)。

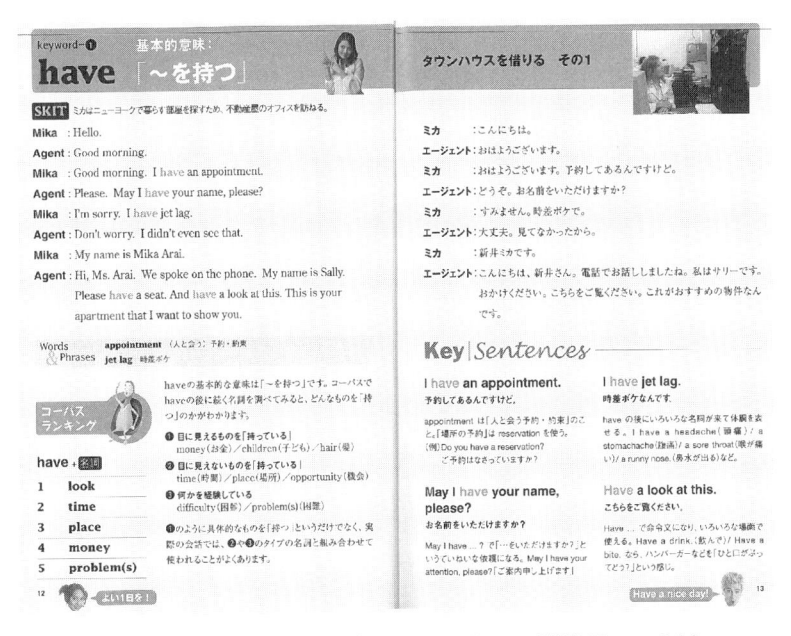

図 13. 『100 語でスタート! 英会話』のテキストページ例(投野 2004a より)

Tono(2011)によると、番組の概要・特徴は以下の通りである。

(a) 1 回の放送は 10 分間、1 週間に 4 回放送され、25 週続いた
(b) 100 語のキーワードを用い、100 ユニットから成った
(c) キーワードは BNC の話し言葉データから頻度に基づいて選んだ
(d) 各キーワードについて、有効なコーパスデータが提示された
(e) 面白く、飽きさせず、教育的だった

(f) 英語を苦手としている人 (false beginner) を含む、すべてのレベルに対応していた

Tono（2011: 7）

　「面白く、飽きさせない」工夫の1つとして、「コーパス君」というコーパスを擬人化したキャラクターが登場した。これ以降、「コーパス」という用語が日本において広く知られるようになった。図14はランキングを紹介するコーパス君を映している。

図14.　コーパスランキングを紹介するコーパス君（Tono 2011 より）

　扱われる単語については、2003年度・2004年度は動詞・助動詞を中心に、2005年度は前置詞・形容詞・副詞・名詞を中心に選定された。キーワードとなる100語は、BNC（British National Corpus）の話し言葉1,000万語のデータから作成した頻度順単語リストに対し、見出し語化（56,457語）、品詞別リストの作成、書き言葉との差異検証といった手順を経て選ばれた。この単語選定の過程の中で興味深いとされているのは、高頻度100語によって会話コーパス総語数の67％がカバーされるということだ（投野 2003; Tono 2011）。投野（2004a）は、これらの単語を優先的に学習するこの教材について、「英会話学習に「ボキャブラリーを、よく使

うものから効率よく学習する」という「新しい常識」をもたらしました」（投野 2004a: 2）としている。

　基本 100 語の使われ方の提示にも、コーパス分析の手法が用いられた。たった 100 語で話し言葉の 67％をカバーするということは、これらの単語は非常に多岐にわたった使われ方をしていると考えられる。そこで、各キーワードのコロケーション（共起）情報が求められ、キーワードを提示する際の例文が作成された。たとえば最重要語の 1 つである 'give' は 100 回中 3 回取り上げられているが、1 回目は「give＋人＋名詞」、2 回目は「give＋前置詞／不変化詞」、3 回目は「give＋動詞由来名詞」と、それぞれ異なるコリゲーション（colligation）による頻度順共起リストが、BNC 話し言葉データを基に作成された[12]。さらにそれぞれの「キーワード＋共起語」に対して、一緒に使われやすい語（トピック語、topic vocabulary）を求めた。たとえば、give (sb) a ring については、tomorrow, this evening, at seven o'clock などの時間を表す語句がしばしば一緒に使われ、これらがトピック語に相当する。これら一連の処理により、1 つのキーワードを提示するにあたって「よく使われる」という妥当性を持った例が多様に得られた。複数のコーパス言語学の手法を用いながら、エンターテインメント性に富み商業的にも成功した『100 語でスタート！　英会話』は、日本国内のみならず海外でも大きな注目を浴びた（中條 2010; Tono 2011）。

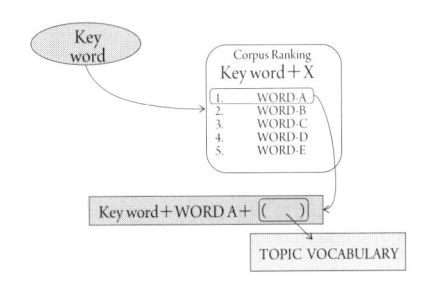

図 15. 『100 語でスタート！　英会話』の提示例抽出の方法（Tono 2011 より）

3.2. 総合的コミュニケーション能力育成のための教材：*Touchstone*

Michael McCarthy 氏らによって編纂された *Touchstone* シリーズは、4つあるうちのもっとも初級者を対象としている「1」が 2005 年に発行され、2012 年現在で 25 版に至る非常に人気のある英語学習教材である。

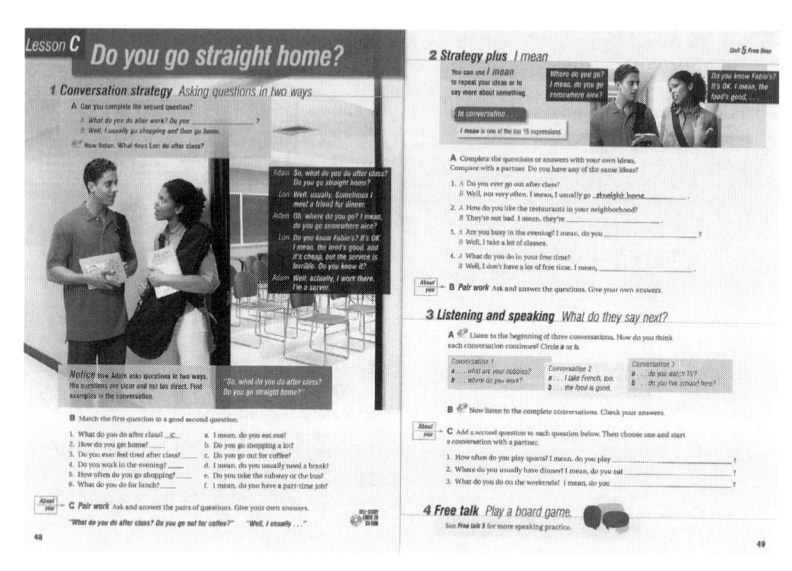

図 16. *Touchstone* のテキストページ例（McCarthy, McCarten and Sandiford 2005 より）

Touchstone は CIC (Cambridge International Corpus) の北米英語部分を基礎資料としており、執筆者たちは何年もかけてコーパスを分析し、特に日常生活の会話において有用な語彙・文法事項を、初級者から中級者を対象とする視点から探していった (McCarthy 2004)。コーパスを用いた利点として McCarthy (2004) が挙げているのは、(1) 日常的に使われる基本語の、もっとも高頻度でもっとも典型的な用法を知ることができること、そして (2) たとえ母語話者の直感を用いても、正確に答えることが難しい疑問の答えを見つけられるということだ。前者はたとえば、助動詞 can の使われ方である。「〜することができる」という能力を表す意味が、多くの教師にとってはもっともお馴染みであるだろうが、話し言葉コーパスの会話データを見てみると、「別の場所に行けること」を表す意味（た

とえば、*In New York, you can go to the top of the Empire State Building.*）でもっともよく使われていることがわかる。そのため Touchstone では、こちらの方に優先順位を置いて提示している。後者 (2) についてはたとえば、he isn't working と he's not working などの短縮形の使い分けを、どのように行っているのかということだ。CIC によると、isn't とするのは主語が名詞で、's not とするのは主語が代名詞である場合だという。Touchstone ではこのような発見を、"In conversation..." というボックスをテキストページ内に設け、紹介している（図 17）。

図 17. *In Conversation* 例（McCarthy, McCarten and Sandiford 2005 より）

　Touchstone においても、語彙の頻度を重視している。CIC の話し言葉データでは、頻度に基づいた上位 1,800 の単語で全体のおよそ 80％をカバーするといい、これらを学ぶ重要性を主張している（McCarthy 2004）。単語がどのように使われているかの例示をする場合はコンコーダンスラインを利用し、より自然な単語の組み合わせを見つけるためにコロケーション統計も求めている。一連の頻度、コンコーダンス、コロケーションを求める処理を行い、その結果を反映させていることを踏まえ、"the content we present is authentic and based on accurate information about present-day usage"（McCarthy 2004: 14）としている。

　教材としての Touchstone の魅力は、英会話の練習に主軸を置きながら英語力に関わる他の知識（発音、語彙、文法）、スキル（リーディングやライティングを含む 4 技能）もカバーしていることだ。加えて、

Conversation strategy, Strategy plus という、学習者ならではの「困った時の対処法」について項を設けている。このように「この教材はコーパスに基づいている」ということを前面に出すわけではなく、項目や例文選定のための背景的作業や紙面上の一部の項やコラムへの記載に止め、中心はあくまで学習者が必要としている情報や練習方法としている点が、*Touchstone* が支持されている理由だと思われる。英語教授、第二言語習得、コーパス言語学がバランス良く融合されている好例である。

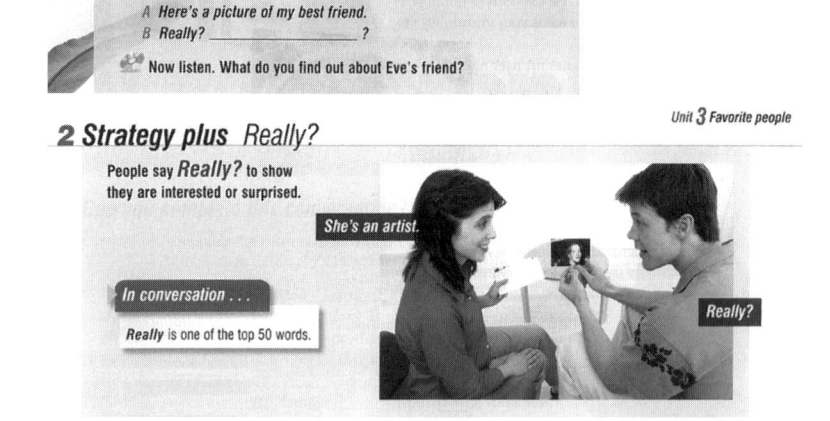

図 18. *Conversation strategy, Strategy plus* の例（McCarthy, McCarten and Sandiford 2005 より）

　以上、本章ではコーパスの言語教育への利用について、それに関わる変数の整理、代表的な学習方法である DDL の紹介、具体的な教材の紹介をもって概観した。教室でのコンピューター利用環境や、教師・学習者のコンピューターリテラシーの向上が目覚ましい昨今、学習活動へのコーパスの応用はますます発展の可能性を広げている。研究においては、科学的手法に基づいたその効果検証が活発に行われることが期待される。

注

1. discovery learning, classroom concordancing と呼ばれることもある。
2. 2005 年 3 月に日本リメディアル教育学会が約 70 名の発起人によって発足した。
3. SLA 分野では、演繹的な (deductive) 方法が良いか帰納的な (inductive) 方法が良いかの二者択一の結果は出ていない (Erlam 2005; Ellis 2008)。両者を相互補完的なものと考えるべきだとされている (白畑・冨田・村野井・若林 2009)。
4. Bernardini (2001, 2004) は、大規模汎用コーパスを用いて学習者が自ら探索の範囲を広げ深めていく DDL を 'learning as a journey', 'learner as traveller' と称している。たとえ明確な答えが得られなくても歓迎すべき行動だとしている。
5. 染谷泰正氏のウェブサイトのように、オンライン上で公開されているものもある。「Sample exercises for data-driven learning」
   http://www.someya-net.com/concordancer/kadai-1.html
6. Wichmann, Fligelstion, McEnery and Knowles (1997)、Aston (2001)、Sinclair (2004)、Hidalgo, Quereda and Santana (2007)、Bennett (2010) などが、DDL の具体例を参照するのに良い資料である。
7. 実際の授業では、学生たちは小学館コーパスネットワーク (SCN) を介して BNC にアクセスしている。http://scn.jkn21.com/information.html?page=top
8. 経年的に行われている DDL を取り入れた授業については、中條・西垣・内山・山崎 (2006) など一連の論文に報告されている。
9. このようなコーパスは local learner corpus と呼ばれている (Seidlhofer 2002; Mukherjee and Rohrbach 2006)。
10. 教師がコーパスを活用することの有効性は、ずっと以前に鷹家・須賀 (1998) で指摘され、そのための情報や方法のインストラクションも紹介されている。
11. ただし、1 つの単語を 2 回にわけて取り上げたり、1 回の放送で複数の単語を取り上げることもあるため実際は 100 語ではない。2003 年度の放送で複数回取り上げられたのは、do, be, have, go, leave, make, take, get, want, help, see, give, come, ask, tell, keep, know, because, put, look, like, bring, find, call の 24 語。
12. 時には、キーワードを含む 3-gram または 4-gram の連鎖情報が求められ、そちらが採用された。

参考文献

Aston, Guy. (ed.) (2001) *Learning with Corpora*. Houston: Athelstan.
Bennet, Gena R. (2010) *Using Corpora in the Language Classroom: Corpus Linguistics for Teachers*. Ann Arbor: The University of Michigan Press.

Bernardini, Silvia. (2001) "Spoilt for Choice": A Learner Explores General Language Corpora. Aston Guy. (ed.) *Learning with Corpora*, pp.220–249. Houston: Athelstan.

Bernardini, Silvia. (2004) Corpora in the Classroom: An overview and some reflections on future development. In Sinclair John McH. (ed.) *How to Use Corpora in Language Teaching*, pp.15–36. Amsterdam: Benjamins.

Boulton, Alex. (2008) DDL: Reaching the Parts Other Teaching Can't Reach? Frankenburg-Garcia Ana. (ed.) *Proceedings of the 8th Teaching and Language Corpora Conference*, pp.38–44. Lisbon: Associação de Estudos e de Investigação Cientifica do ISLA-Lisboa.

Boulton, Alex. (2009) Data-driven learning: Reasonable fears and rational reassurance. *Indian Journal of Applied Linguistics* 35: 81–106.

Carter, Ronald A. and Michael McCarthy. (1995) Grammar and the spoken language. *Applied Linguistics* 16: 141–158.

Chambers, Angela. (2005) Integrating corpus consultation in language studies. *Language Learning and Technology* 9: 111–125.

Chambers, Angela. (2010) What is data-driven learning? O'Keeffe A. and McCarthy M. (eds.) *The Routledge Handbook of Corpus Linguistics*, pp.345–358. New York: Routledge.

Cheng, Winnie, Martin Warren and Xu Xun-feng. (2003) The language learner as language researcher: Putting corpus linguistics on the timetable. *System* 31: 173–186.

Cheng, Winnie. (2010) What can a corpus tell us about language teaching? O'Keeffe A. and McCarthy M. (eds.) *The Routledge Handbook of Corpus Linguistics*, pp.319–332. New York: Routledge.

Chujo, Kiyomi, Masao Utiyama and Shinji Miura. (2006) Using a Japanese-English parallel corpus for teaching English vocabulary to beginning-level students. *English Corpus Studies* 13: 153–172.

中條清美・西垣知佳子・内山将夫・山崎敦史 (2006)「初級英語学習者を対象としたコーパス利用学習の試み」『日本大学生産工学部研究報告』39: 29–50.

中條清美・西垣知佳子・内堀朝子 (2007)「パラレルコーパスを利用した文法発見学習の試み」『日本大学生産工学部研究報告』40: 33–46.

中條清美 (2008)「コーパスに基づいたシラバスデザインとその実践」中村純作・堀田秀吾編『コーパスと英語教育の接点』pp.67–90. 松柏社.

中條清美 (2010)「TaLC9 に参加して」『英語コーパス学会 Newsletter』70: 3.

Chujo, Kiyomi, Laurence Anthony, Kathryn Oghigian and Asako Uchibori. (2012) Paper-based, computer-based, and combined data-driven learning using a web-based concordancer. *Language Education in Asia*, 3: 132–145.

Ellis, Rod. (2008) *The Study of Second Language Acquisition*. Oxford, England: Oxford University Press.

Erlam, Rosemary. (2005) Language aptitude and its relationship to instructional effectiveness in second language acquisition. *Language Teaching Research* 9: 147–171.

Ferris, Dana. (2008) Students must learn to correct all their writing errors. Reid Joy. (ed.) *Writing Myths: Applying Second Language Research to Classroom Teaching*, pp.90–114. Ann Arbor: University of Michigan Press.

Fligelstone, Stive. (1993) Some reflections on the question of teaching, from a corpus linguistics perspective. *ICAME Journal* 17: 97–110.

Gavioli, Laura. (2001) The learner as researcher. Aston, Guy. (ed.) *Learning with Corpora*, pp.108–137. Houston: Athelstan.

Gilquin, Ga ëtanell and Sylviane Granger. (2010) How can data-driven learning be used in language teaching? In O'Keeffe Anne. and McCarthy Michael. (eds.) *The Routledge Handbook of Corpus Linguistics*, pp.359–370. New York: Routledge.

Granger, Sylviane. (1998) The computer corpus: A versatile new source of data for SLA research. Granger Sylviane. (ed.) *Learner English on Computer*, pp.3–18. London: Longman.

Hidalgo, Encarnación, Luis Quereda and Juan Santana. (2007) *Corpora in the Foreign Language Classroom*. Amsterdam: Rodopi.

Hyland, Ken and John Milton. (1997) Qualification and certainty in L1 and L2 students' writing. *Journal of Second Language Writing* 6: 183–205.

石川慎一郎(2008)『英語コーパスと言語教育―データとしてのテクスト―』大修館書店.

Johns, Tim. (1986) Micro-concord: A language learner's research tool. *System* 14: 151–162.

Johns, Tim. (1988) Whence and Whither classroom concordancing. Bongaerts Theo, De Haan Pieter, Lobbe Sylvia and Wekker Herman. (eds.) *Computer Applications in Language Learning VIII*, pp.9–27. Dordrecht: Foris.

Johns, Tim. (1991) Should you be persuaded: Two samples of data-driven learning materials. Johns Tim and King Philip. (eds.) *Classroom Concordancing. ELR Journal 4*, pp.1–16. Birmingham: University of Birmingham.

Johns, Tim. (1997) Contexts: The background, development, and trialling of a concordance-based CALL program. Wichmann Anne, Fligelstone Steven, McEnery Tony and Knowles Gerry. (eds.) *Teaching and Language Corpora*, pp.100–115. London: Longman.

Kennedy, Graeme. (2003) Amplifier collocations in the British National Corpus: Implications for English language teaching. *TESOL Quarterly* 37: 467–487.

小池生夫・井出祥子・河野守夫・鈴木博・田中春美・田辺洋二・水谷修編(2003)『応用言語学事典』研究社.

Leech, Geoffrey. (1997) Teaching and language corpora: A convergence. Wichmann Anne, Fligelstone Steven, McEnery Tony and Knowles Gerry. (eds.) *Teaching and language corpora*, pp.1–23. London: Longman.

Mauranen, Anna. (2004) Spoken corpus for an ordinary learner. Sinclair John McH. (ed.) *How to Use*

Corpora in Language Teaching, pp.89–105. Amsterdam: John Benjamins.

McCarthy, Michael. (2004) *Touchstone: From Corpus to Course Book*. Cambridge: Cambridge University Press.

McCarthy, Michael, Jeanne McCarten and Helen Sandiford. (2005) *Touchstone 1 Student's Book*. Cambridge: Cambridge University Press.

Meunier, Fanny. (2002) The pedagogical value of native and learner corpora in EFL grammar teaching. Granger Sylviane, Hung Joseph and Petch-Tyson Stephanie. (eds.) *Computer Learner Corpora, Second Language Acquisition and Foreign Language Teaching*, pp.119–141. Amsterdam: John Benjamins.

Mohamed, Naashia. (2001) *Teaching Grammar through Consciousness-raising Tasks*. Unpublished AM thesis, University of Auckland, Auckland.

Mukherjee, Joybrato and Jan-Marc Rohrback. (2006) Rethinking applied corpus linguistics from a language-pedagogical perspective: New departures in learner corpus research. Kettemann Bernhard and Marko Georg. (eds.) *Planning, Gluing and Painting Corpora: Inside the Applied Corpus Linguist's Workshop*, pp.205–232. Frankfurt: Peter Lang.

O'Keefe, Anne, Micael McCarthy and Ronald Carter. (2007) *From Corpus to Classroom: Language Use and Language Teaching*. Cambridge: Cambridge University Press.

Reppen, Randi. (2010) *Using Corpora in the Language Classroom*. Cambridge: Cambridge University Press.

齊藤俊雄・中村純作・赤野一郎編 (2005)『英語コーパス言語学―基礎と実践―改訂版』研究社.

Schmidt, Richard. (1990) The role of consciousness in second language learning. *Applied Linguistics* 11: 129–158.

Schmidt, Richard. (1994) Deconstructing consciousness in search of useful definitions for applied linguistics. *AILA Review* 11: 11–26.

Schmidt, Richard. (2001) Attention. Robinson Peter. (ed.) *Cognition and Second Language Instruction*, pp.3–32. Cambridge: Cambridge University Press.

Seidlhofer, Barbara. (2002) Pedagogy and local learner corpora: Working with learning-driven data. Granger Sylviane, Hung Joseph and Petch-Tyson Stephanie. (eds.) *Computer Learner Corpora, Second Language Acquisition and Foreign Language Teaching*, pp.213–234. Amsterdam: John Benjamins.

白畑知彦・冨田祐一・村野井仁・若林茂則 (2009)『英語教育用語辞典』改訂版. 大修館書店.

昭和女子大学学習者コーパス研究グループ編 (2007)『エラーから学ぶ英作文ハンドブック』青山社.

Sinclair, John McH. (2004) *How to Use Corpora in Language Teaching*. Amsterdam: John Benjamins.

Sripicharn, Passapong. (2010) How can we prepare learners for using language corpora? O'Keeffe Anne and McCarthy Michael. (eds.) *The Routledge Handbook of Corpus Linguistics*, pp.371–384. New York: Routledge.

鷹家秀史・須賀廣 (1998)『実践コーパス言語学―英語教師のインターネット活用』桐原ユニ.

Thurstun, Jennifer and Christopher N Candlin. (1997) *Exploring Academic English: A Workbook for Student Essay Writing*. Sydney: National Centre for English Language Teaching and Research.

Tomasello, Michael and Carol Herron. (1988) Down the garden path: Inducting and correcting overgeneralization errors in the foreign language classroom. *Applied Psycholinguistics* 9: 237–246.

Tomasello, Michael and Carol Herron. (1989) Feedback for language transfer errors: The Garden Path technique. *Studies in Second Language Acquisition* 11: 385–395.

投野由紀夫 (2003)「コーパスを英語教育に生かす」『英語コーパス研究』10: 249–264.

投野由紀夫 (2004a)『100語でスタート！ 英会話―アメリカ編―』日本放送出版協会.

投野由紀夫 (2004b)『100語でスタート！ 英会話 コーパス練習帳』日本放送出版協会.

投野由紀夫 (2005a)『100語でスタート！ 英会話―オーストラリア編―』日本放送出版協会.

投野由紀夫 (2005b)『100語でスタート！ 英会話 スーパーコーパス練習帳』日本放送出版協会.

投野由紀夫 (2006)『100語でスタート！ 英会話―イギリス編―』日本放送出版協会.

投野由紀夫編 (2007)『日本人中高生一万人の英語コーパス―中高生が書く英文の実態とその分析―』小学館.

投野由紀夫 (2008)『100語でスタート！ 英会話 コーパス練習帳パーフェクト』日本放送出版協会.

Tono, Yukio. (2011) TaLC in action: Recent innovations in corpus-based English language teaching in Japan. Frankenberg-Garcia Ana, Flowerdew Lynne and Aston Guy. (eds.) *New Trends in Corpora and Language Learning*, pp.3–25. London: Continuum.

Tribble, Chris and Glyn Jones. (1997) *Concordances in the Classroom: A Resource Book for Teachers*, second edition. Houston: Athelstan.

梅咲敦子 (2008)「大学の英語授業でのコーパス利用―その実践例―」中村純作・堀田秀吾編『コーパスと英語教育の接点』pp.181–215. 松柏社.

Wichmann, Anne, Steven Fligelstion, Tony McEnery and Gerry Knowles. (eds.) (1997) *Teaching and Language Corpora*. London: Longman.

Widdowson, Henry G. (2000) On the limitations of linguistics applied. *Applied Linguistics* 21: 3–25.

Yoon, Hyunsook and Alan Hirvela. (2004) ESL student attitude towards corpus use in L2 writing. *Journal of Second Language Writing* 13: 257–283.

IV

学習者コーパス I
海外における英語学習者コーパスの開発と研究

成田真澄

1. はじめに

　英語の母語話者による産出データを電子的に収集した英語母語話者コーパスは1960年代に構築されるようになったが、その後約30年間を経て英語の学習者による産出データを収集した英語学習者コーパスの必要性と有用性が強く叫ばれるようになった (Granger 1998a)。英語学習者が英語で話したり書いたりした言語データを、その使用目的に応じて設計された明確な規準に基づいて大量に収集し、種々の言語処理ツールを使って分析をすることができれば、第二言語習得 (Second Language Acquisition: SLA) や外国語教育 (Foreign Language Teaching: FLT) といった研究分野に対して従来にない貢献が可能になると期待されている。

　学習者コーパス構築の先鞭をつけたのは、ベルギーのルーヴァン・カトリック大学 (Université Catholique de Louvain) の Sylviane Granger である。Granger が率いる英語コーパス言語学センター (Centre for English Corpus Linguistics: CECL) を拠点として、各国の研究協力者との密な連携によって、International Corpus of Learner English (ICLE) と呼ばれる大規模な英語学

習者コーパスが構築された。学習者コーパス ICLE は、母語が異なる英語学習者(中〜上級レベル)が産出した論述文を収集しているという点に加え、後続の様々な学習者コーパスの設計規準に影響を与えているという点で画期的である。

学習者コーパスを用いた言語分析手法として、Granger (1998a, 2002) は対照中間言語分析 (Contrastive Interlanguage Analysis: CIA) を提案している。この分析手法では、当該の英語学習者コーパスと同等に比較しうる母語話者コーパスをも用意することで、以下に示すように2種類の対照分析が行われる。図1は、この分析手法を図式化したものである。

(1)　母語話者による言語使用と学習者による言語使用の比較
(2)　異なる母語を有する学習者グループ間での言語使用の比較

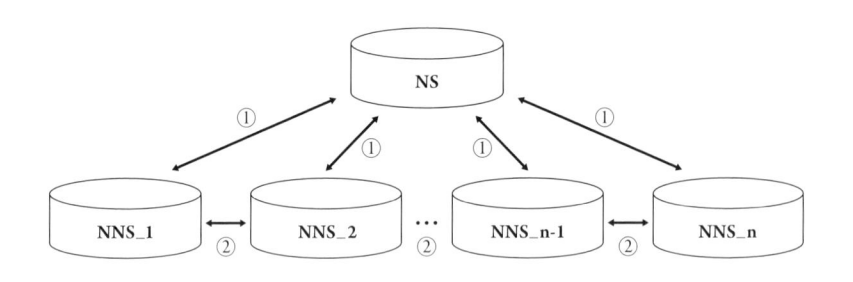

① NS(母語話者コーパス)と NNS(学習者コーパス)の比較
② NNS(学習者コーパス)間の比較

図 1.　対照中間言語分析(CIA)の手法

学習者の言語使用を母語話者の言語使用と比較することは、かつての誤用分析 (error analysis) に通ずると反論する研究者もいる (Bley-Vroman 1983; Widdowson 1997)。しかし、本手法では、非母語話者の言語的特徴(母語話者と比べて過剰に、あるいは過少に使用している語彙や文法構造など)を明らかにすることで、当該の言語データを産出した時点での第二言語運用の実態を捉えようとしている。

一方、母語が異なる学習者による第二言語使用を比較することによっ

て、母語の違いに関係なく観察される言語的特徴と特定の母語話者グループのみに観察される言語的特徴とを区別することができる。前者は第二言語習得過程における発達的な特徴として、後者は母語からの影響を受けた特徴として解釈することができ、さらに詳細な言語分析につなげていくことができる。

このように、大量の産出データを用いて学習者による第二言語使用の実態に迫ることができるというのは、学習者コーパスが持つ大きな利点である。さらに、学習者コーパスの分析を通して得られた知見を、具体的にどのような方法で外国語教育（教材や教授法）に活用できるのかを検討することも可能となる。大規模な学習者コーパスの構築には多大なコストがかかることは避けられないが、学習者コーパスを用いた言語分析が第二言語習得研究や外国語教育に及ぼす効果と可能性を考えると、今後、より多くの国々で学習者コーパスの構築が進むことが予想される。

以下、本章では、前述の学習者コーパス ICLE をはじめとして、これまでに海外で構築されてきた代表的な英語学習者コーパスに焦点を当てる。主要な英語学習者コーパスを紹介し、これらの学習者コーパスを用いて具体的にどのような研究成果が蓄積されてきたのかを概観する。最後に、近年特に注目されている『ヨーロッパ言語共通参照枠』(Common European Framework of Reference for Languages: CEFR) と学習者コーパス研究との関連性について述べる。

2. 海外の代表的な学習者コーパス

ベルギーのルーヴァン・カトリック大学にある英語コーパス言語学センターが運営しているウェブサイトでは、世界各国で構築されている学習者コーパスについての情報が一覧表の形式で提供されている。すでにリンク先のウェブサイトが消失してしまっていたり、コーパスの構築に関わった研究者が他の機関に移動したことによりコーパスの管理ができなくなったりしているものも見受けられるが、世界の学習者コーパスを一望できる貴重な情報源である。

本節では、まず学習者コーパスの草分けとも言えるICLEを紹介する。これに続いて、ICLEと同様に英語学習者が産出した書き言葉を収集した香港科技大學の学習者コーパス（HKUST Learner Corpus）、Longman 社の学習者コーパス（Longman Learners' Corpus: LLC）、Cambridge University Press の学習者コーパス（Cambridge Learner Corpus: CLC）を概観する。さらに、英語学習者が産出した話し言葉を収集した学習者コーパスの代表例として、ベルギーのルーヴァン・カトリック大学で構築された Louvain International Database of Spoken English Interlanguage（LINDSEI）を取り上げる。

2.1. International Corpus of Learner English（ICLE）

ICLEは、ベルギーのルーヴァン・カトリック大学英語コーパス言語学センターのディレクターであるGrangerが中心となり、各国の研究者との協力体制によって構築された大規模学習者コーパスであり、現在もデータの収集が続けられている。初版のデータが2002年に公開されたが、さらにデータを拡充した第2版が2009年に公開され、CD-ROMの形でデータ利用ハンドブックとともに有償で提供されている（Granger, Dagneaux, Meunier, and Paquot 2009）。現在は、第3版の公開に向けてデータの収集と整備が行われている。

第2版のICLE（ICLEv2）には、ブルガリア、中国、チェコ、オランダ、フィンランド、フランス、ドイツ、イタリア、日本、ノルウェー、ポーランド、ロシア、スペイン、スウェーデン、トルコ、ボツワナといった世界16か国のEFL（English as a Foreign Language）学習者が産出した作文が収録されている。全体の規模は約370万語であり、各国のデータ規模は約20万語である。但し、中国語母語話者から収集した英作文データのみ約50万語の規模となっている。

ICLEに収録される英作文データは、明確なガイドラインに基づいて収集されている。作文を提供する学習者自身についてのプロフィールを記述してもらうこと、英語の習熟度が中〜上級レベルに相当する大学3、4年生を対象として主に論述文（argumentative essays）を収集すること、作文の長さは500語以上で上限は1,000語とすること、スペリングミスは

修正せずに元の状態を保持すること、作文の時間制限と辞書使用の有無は任意であること、他者の助けを借りてはならないこと、といった規準が設けられている。論述文のトピックとしては、「クレジットカードを使用することの利点と欠点を論ぜよ」、「大学の学位は現実社会ではほとんど価値を持たないものであるか」のような一般的なトピックを使用することが求められている。

第2版のICLEでは、専用のコンコーダンサー (concordancer) が同梱されており、Lancaster大学で開発された自動品詞タグ付与ツールCLAWS（品詞セットはC7）を使って学習者データに品詞情報が付加されているため、語形だけでなくレマ（当該単語の基本形）や品詞を指定することによっても検索が可能である。さらに、学習者のプロフィール情報を利用して、性別や年齢、母語の違いに着目した検索・分析もできるようになっている。

ICLEのプロジェクトでは、本章1節で紹介した対照中間言語分析 (CIA) が行えるように、英語母語話者による論述文を収集したLouvain Corpus of Native English Essays (LOCNESS) という母語話者コーパスが学習者コーパスとは独立に用意されている。イギリス人の高校生と大学生、アメリカ人の大学生による作文を約32万語収集したもので、所定の手続きを経てライセンスを取得すれば利用できる。

2.2. Hong Kong University of Science & Technology (HKUST) Learner Corpus

HKUST学習者コーパスの原形は、1992年から1994年にかけてJohn Miltonによって構築された。Miltonは、中国語を母語とする高校生と大学生から収集した手書きの英作文データ（時間制限のない課題作文や卒業試験の課題作文）を電子化し、約100万語の学習者コーパスを構築した (Pravec 2002)。部分的にではあるがLancaster大学のCLAWSを使って自動的に品詞タグを付加するとともに学習者による誤用を示すエラータグも付加した。

コーパスサイズとしては大きくはないが、同氏が開発した種々の「コ

ンピュータによる学習支援ツール」に組み込まれ、広く利用されるようになった (Milton 1998)。学習者コーパスを英語教育に応用した先進事例であり、英語学習者の語彙力、文法力、談話能力の向上を目指した学習支援環境として注目に値する。

　その後、香港科技大學では、学生が作成した英作文をコンピュータを介して提出することができるシステムが開発され、英作文データを効率よく電子的に収集することができるようになった。これにより、HKUST 学習者コーパスの規模は飛躍的に拡大し、現在では 2,500 万語を優に超えていると推測される (Sinclair 2004)。

　HKUST 学習者コーパスは、残念ながら一般公開されておらず、研究利用は同大学に在籍している研究者に限られている。外部利用を可能にするためのデータ処理が容易でないことや個人情報保護といった倫理面での制約により、現時点では非公開である。

2.3.　Longman Learners' Corpus (LLC)

　Longman 社が構築している学習者コーパス LLC では、世界各国の英語学習者 (学生) によって作成される英作文や試験課題を収集しており、現在の規模は、約 1,200 万語である。様々なレベルの英語学習者が産出した英作文を収集して分析することで、英語学習上の問題点を幅広く把握することができるという利点がある。

　各英作文には、作成者の国籍と習熟度レベルを表すコードが付加されるため、たとえばフランス語母語話者で上級レベルの英語学習者が産出した英作文のみを検索・分析したい場合には、該当するコードを指定することで容易に対象データを抽出することができる。逆に、特定の語や句に着目した言語分析も可能であり、英語学習者に共通して見られる誤用を突き止めることができる。

　LLC は、様々なレベルの英語学習者による正しい言語使用と誤用の両者に関して貴重な情報を提供してくれるため、英語学習者の特定のニーズに合う辞書の編纂や教材開発にとって欠かせない言語資源となっている。たとえば、*Longman Essential Activator* (2006) では LLC に頻出して

いる誤用を避けるための注意点をコラムとして記述しており、*Longman Active Study Dictionary* (2010) では"Grammar"や"Word Choice"いう見出しのコラムで適切な語彙使用を促している。

　LLC は、一般には公開されていないが、有償で購入可能である。それでも、本学習者コーパスに基づいて作成される辞書や教材を通して、英語を学習する上で大きな恩恵を受けることができる。

2.4.　Cambridge Learner Corpus（CLC）

　CLC は、Cambridge University Press が Cambridge English Language Assessment と共同開発している世界最大の学習者コーパスである。現在のデータサイズは 5,000 万語を超えており、随時、データが追加されている。ケンブリッジ英語検定を実施している機関であり、世界の約 150 にもおよぶ言語の母語話者が受験した英語試験の結果を蓄積している。

　英語の習熟度に対応して、特に『ヨーロッパ言語共通参照枠』(CEFR) の A2 レベルから C2 レベルに対応する種々の検定試験が用意されており、これらの試験に出題されたライティング課題に対する回答が収集されている。CLC の約半分の学習者データには、Cambridge University Press のコーパス言語学者によって手作業で誤用情報が付加されている (Hawkins and Buttery 2010)。現在、Cambridge University Press では、Sketch Engine (Kilgarriff and Kosem 2012) というコーパス検索ツールを用いて CLC のデータを利用している。

　各データには、1) 言語情報が何も付加されていないオリジナルデータ、2) 誤用情報付きデータ、3) 誤用を修正したデータ、4) 品詞情報付きデータ、といった具合にいくつかの種類が用意されている。品詞の付与と統語構造の解析には、自動解析ツール Robust Accurate Statistical Parser (RASP) が使用されている (Briscoe, Carroll and Watson 2006)。これらの言語情報は、本章 4 節で述べる English Profile Programme (EPP) において、『ヨーロッパ言語共通参照枠』(CEFR) の基準特性 (criterial features) を探る上で重要な役割を果たしている (4 節参照)。

　CLC は、上述の組織内の関係者のみが利用できる言語資源であり、

公開はされていない。それでも、手作業で付加された誤用情報と各データに対応づけられた学習者属性（年齢や性別、国籍、母語、英語の習熟度レベル、試験の成績、受験日等）に基づいて、特定の学習者グループにおいてのみ難しい語句や文法構造、あるいは学習者全般にわたって難しい語句や文法構造を明らかにすることができる。こうした英語学習上の問題点は、我々が手にすることができる辞書や英語教材に活用される。さらに、学習者にとって習得しやすい語句や文法構造についても把握することができ、習熟度に応じて学習者ができることとまだできないことを明確にしてくれるという大きな利点を持つ。

2.5. Louvain International Database of Spoken English Interlanguage (LINDSEI)

ベルギーのルーヴァン・カトリック大学英語コーパス言語学センターでは、ICLE のプロジェクトを開始した当初から、英語学習者の話し言葉を収集した学習者コーパスの構築についても検討していた。しかし、英語学習者が産出した話し言葉を統一的に収集し、文字データとして書き起こす際に生じうる種々の課題を検討する必要があったため、実際にデータ収集を開始することができたのは 1995 年であった。

ICLE と同様に各国の研究者と連携してデータ収集を進め、2010 年に 11 か国の EFL 学習者による話し言葉を収録した LINDSEI を CD-ROM の形でデータ利用ハンドブックとともに有償公開した (Gilquin, De Cock and Granger 2010)。具体的には、ブルガリア、中国、オランダ、フランス、ドイツ、ギリシャ、イタリア、日本、ポーランド、スペイン、スウェーデンの英語学習者に対して実施した 554 件 (約 130 時間) のインフォーマルなインタビューが書き起こされており、学習者の発話は約 79 万語に達している。データ収集の主な対象者は、ICLE と同様に、英語の習熟度が中～上級レベルに相当する大学 3、4 年生である。

LINDSEI では、「コーパス」ではなく「データベース」という名称をあえて使用している。これは、インタビューでの英語学習者の発話は、コーパスの重要な特徴である「自然な産出」とは言えないと判断しているから

である。それでも、発話に必要な語彙の選択や発想自体に自由度があるため、コーパスに近い学習者データの集合とみなすことはできるだろう (Gilquin, De Cock and Granger 2010: 6)。

インタビューは、ウォームアップ、自由討論、絵カードの描写といった3種類のタスクで構成されている。発話は、学習者の許可を得て録音されるが、LINDSEI には音声データは含まれていない。インタビュアーは英語母語話者を想定しているが、国によってはこの条件を満たすことができないため、インタビューを受ける学習者だけでなくインタビュアーについてもプロフィール情報を記述している。さらに、インタビューを受ける学生とインタビュアーとの親密度が発話に影響しうることを考慮し、両者間の親密度について3種類の選択肢が用意され、いずれかを指定するようになっている。このように、多数の属性情報が用意されていることにより、目的に応じてきめ細かな検索・分析が可能である。

LINDSEI には英語母語話者コーパスが含まれていないが、対照中間言語分析 (CIA) を行えるように、母語話者による発話を収集した Louvain Corpus of Native English Conversation (LOCNEC) が独立に用意されている。LOCNEC には、Lancaster 大学に通うイギリス人大学生に対して実施したインタビュー発話 (約 12 万語) が収録されている。

3. 学習者コーパスを用いた研究成果の概観

学習者コーパスが盛んに構築されるようになった現在、これらの言語資源を活用して多様な研究が行われている。本節では、世界で広く利用されている学習者コーパス ICLE に基づく研究を中心にして、これまでの研究成果を概観する。

3.1. 学習者が産出した作文に見られる言語的特徴
3.1.1. 語彙使用に関する特徴

Ringbom (1998) は、ICLE の7つのサブ・コーパス (欧州圏の7種類の

母語の英語学習者が産出した論述文で約69万語）を用いて、異なる母語を持つ7つの英語学習者グループにおけるL2語彙の使用を分析した。対照中間言語分析 (CIA) の手法に基づいて、これらの学習者グループ間での比較を行うとともに、英語母語話者コーパスLOCNESSの一部（約8万語）を用いて英語母語話者の語彙使用との比較も行った。

　定量分析の結果、使用した全てのコーパスにおいて、上位10個の高頻度語がデータ全体の約25%を占めていることがわかった。高頻度語には機能語が多く、使用頻度の高いbe, have, doといった単語に関しても、助動詞としての用法が目立つ。一般動詞の使用を分析してみると、使用頻度の高い動詞は基本語で、英語母語話者の場合にはmake, use, believe, feelという順になった。一方、英語学習者の場合にはmakeよりもthinkやgetを過剰に使用し、これらの動詞に続いてfind, want, knowも使用頻度が高いことがわかった。但し、学習者による基本動詞の使用頻度は、英語母語話者の使用頻度よりもほぼ一貫して上回っていることに注意すべきである。さらに、本章3.1.3節でも取り上げるが、学習者グループ全体を通して、I think という表現を英語母語話者と比べて過剰に使用していることが明らかになった。

　Lorenz (1998) は、ドイツ語を母語とする英語学習者と英語母語話者を対象として、どのようにして形容詞の意味を強調したり緩和したりしているかを比較分析した。分析に使用したコーパスは以下の4種類で、年齢の違いにも着目して10代の学生と大学生という2つのグループを設けている。

(1)　10代のドイツ人学生（16歳〜18歳）が産出した英作文―約10万語
(2)　ドイツ人大学生（20歳〜25歳）が産出した英作文―約10万語
(3)　10代の英国人学生（15歳〜18歳）が産出した英作文―約10万語
(4)　英国人大学生（19歳〜23歳）が産出した英作文―LOCNESSから約10万語

これら4種類のコーパスを相互に比較することにより、英語の母語話者であるか学習者であるかという観点からの言語使用の違いと年齢による言語使用の違いを明らかにしている。分析の結果、ドイツ人英語学習者は英語母語話者よりも強意副詞を過剰使用（統計的に有意に過剰使用）していること、ドイツ人学生であっても英国人学生であっても年齢が上がると強意副詞の使用頻度が下がること、いずれのグループにおいても強意副詞によって修飾される形容詞は共通していることがわかった。

　さらに、英語学習者による強意副詞の過剰使用を質的に分析してみると、英語の情報構造に合わない使い方をしており、これが原因で不自然で大げさな文体につながっているのではないかと考察している。この点を英語ライティング指導に生かすこと―「情報の節約」（過度に語句を強調するのを避けること）に配慮して情報の組み立てを改善すること―を提案している（Lorenz 1998: 64）。

　Granger (1998b) は、フランス語を母語とする大学生が産出した英作文データ（ICLE のサブ・コーパスで約25万語）と英語母語話者が産出した英作文データ（LOCNESS＋2種類の母語話者コーパスで約23万語）を用いて、-ly で終わる強意副詞の使用頻度と後に続く「形容詞」とのコロケーションを調査した。その結果、フランス人英語学習者は、延べ語数においても異なり語数においても、英語母語話者と比べて強意副詞を統計的に有意に過少使用していることがわかった。

　しかし、対象とした強意副詞の個々の使用を詳細に調べてみると、フランス人英語学習者は completely と totally を英語母語話者よりも過剰使用し、その一方で highly を過少使用することが観察された。この現象は、英語の completely と totally に対応する単語がフランス語に存在して多用されること、英語の highly に対応する単語もフランス語に存在するものの使用頻度が低いこと、という2つの言語間の対応関係によって説明ができるかもしれない。つまり、母語の影響を受けた結果と考えられる。

　さらに、「強意副詞＋形容詞」というコロケーションに着目すると、フランス人英語学習者は英語母語話者が使用するコロケーションを過少使用するものの、強意副詞を汎用的に用いて英語母語話者が使用しないよ

うな組み合わせで使用することがわかった。しかも、対応する表現が母語であるフランス語に存在している場合に多用する傾向が見られ、コロケーションの使用においても母語の影響を受ける可能性が示唆された。

本節の最後に取り上げるのは、英語学習者が冠詞をどのように使用しているのかを調査した研究である。第二言語習得研究の分野では、英語学習者にとって冠詞の習得は難しく、特に冠詞を持たない母語の英語学習者は上級レベルになっても冠詞の誤りをおかしやすいことが報告されている (Huebner 1985; Ionin, Ko and Wexler 2004; Izumi, Uchimoto and Isahara 2005)。Díez-Bedmar and Papp (2008) は、冠詞のない中国語を母語とする英語学習者と冠詞のあるスペイン語を母語とする英語学習者による冠詞の使用を比較した。英語（約2万語）、中国語（約1,000字）、スペイン語（約4万語）の母語話者コーパス、中国人英語学習者コーパス (ICLE のサブ・コーパスの一部で約4万語)、スペイン人英語学習者コーパス（スペインの Jaén 大学で構築中の通時的英語学習者コーパスの一部で約4万語）という5つのコーパスを用意し、まず3つの母語間での冠詞使用における言語的差異を分析した上で、これらの差異が学習者の冠詞使用にどのような影響を与えうるのかを検討した。

2種類の学習者コーパスには誤用情報が付加され、冠詞の正用と誤用の割合を算出できるようにした。中国人英語学習者の場合、ゼロ冠詞（無冠詞）の正解率が最も高く、定冠詞の正解率が最も低かった。一方、スペイン人英語学習者の場合には、不定冠詞の正解率が最も高く、ゼロ冠詞（無冠詞）の正解率が最も低かった。さらに、この2つの学習者グループを比較すると、冠詞のあるスペイン語を母語とする英語学習者の方が中国人英語学習者よりも統計的に有意にいずれの冠詞についても正解率が高かった。

こうして冠詞使用の全体像を捉えた上で、個々の冠詞が使用されている文脈を詳細に分析している。その結果、中国人英語学習者が冠詞を使用する場合には文法的かつ語用論的な問題に対処する必要があるが、スペイン人英語学習者の場合には母語に冠詞が存在するため（冠詞という文法的な概念にすでに習熟しているため）語用論的な問題のみに対処す

ればよく、この点でスペイン人英語学習者の方が英語の冠詞習得において有利ではないかと考察している。

3.1.2. 構文に関する特徴

Hinkel (2002) は、6 つの言語（中国語、日本語、韓国語、ベトナム語、インドネシア語、アラビア語）の母語話者が英語で産出した論述文と英語母語話者が産出した論述文を 68 種類の言語項目を用いて比較し、どのような差異があるのかを調査した。対象者は米国の大学に在籍している学生であり、6 つのグループの英語学習者は、上級レベルの学習者とみなすことができる。英語母語話者の論述文が 242 件、英語学習者による論述文が 1,215 件という構成で、全体で約 43 万語の作文データを使って各言語項目の使用頻度を算出し、統計処理により両者の差異を明らかにしている。

これらの言語項目のうち、時制とアスペクト、さらに受動態に焦点を当てて分析した結果が Hinkel (2004) に報告されている。この調査では、前述の 6 つの言語の母語話者グループから収集した 631 件の論述文と英語母語話者から収集した 115 件の論述文が分析対象である。英語の時制（過去、現在、未来）とアスペクト（進行相と完了相）、受動態のそれぞれを示す語形や構文パターンに留意してタグ付けを行ったのち、各論述文において各項目が使用されている割合を算出し、各学習者グループにおける中央値と英語母語話者による中央値の差を統計的に検定している。

統計的検定の結果、アラビア語を母語とする英語学習者を除く全ての学習者グループにおいて過去時制の過剰使用が認められた。現在時制についてはベトナム語、韓国語、アラビア語を母語とする英語学習者が過少使用している。未来時制については、学習者の母語によって使用頻度に違いが見られるが、全体的に学習者は未来時制が果たす機能を十分に理解していないことが質的な分析により明らかになった。

アスペクトについては、進行相も完了相も、英語学習者によってほとんど使用されておらず、現在完了形での表現が適切である場合にも過去時制を多用する傾向が見られた。さらに、受動態は、全ての学習者グ

ループで過少使用されていた。

　本研究に参加した英語学習者は、アカデミックライティングの指導を十分に受けた上級レベルの学習者である。それでも、彼らと同世代の英語母語話者とは時制、アスペクト、受動態の使用において大きな差異が認められるということは、第二言語ライティング指導のあり方を考え直す必要があることを示している (Hinkel 2004: 23–26)。

　Biber and Rappen (1998) は、英語母語話者と英語学習者では、4 種類の補文節 (that 節、to 節、ing 節、WH 節) の使用においてどのような差異が見られるのかを調査した。使用した英語母語話者コーパスは Longman Grammar Corpus で、イギリス英語の会話文、フィクション、ニュース報道、学術散文という 4 種類のレジスター (言語使用域) から構成されており、各レジスターには約 500 万語のデータが収録されている。英語学習者コーパスには、初期の Longman Learners' Corpus を使用しており、フランス語、スペイン語、中国語、日本語の各言語を母語とする英語学習者が産出した英文 (授業の課題や試験で作成した論述文や記述文からなり全体の規模は約 28 万語) を分析対象とした。

　両コーパスからの補文節の抽出は、Biber が開発した文法タガー (Biber 1995) を用いて自動的に行い、さらにコンコーダンサーを用いて個々の用例を確認・編集することで分析対象を正確に絞り込んだ。但し、コーパス設計の違いにより、英語母語話者コーパスに対してのみ、レジスター間での使用の差異を分析することが可能であった。

　分析の結果、いずれの英語学習者グループにおいても、that 節と to 節の使用頻度がきわめて高く、逆に ing 節と WH 節の使用頻度は低いことが明らかになった。さらに、英語学習者による that 節の使用頻度は、英語母語話者の会話文における使用頻度とほぼ同じであることがわかった。一方、英語学習者による to 節の使用頻度は、英語母語話者のいずれのレジスターにおける使用頻度よりもはるかに高かった。

　英語学習者が that 節や to 節をどのような動詞の補文節として使用しているのかを調べたところ、that 節の場合には think を、to 節の場合には want を高頻度で使用していることがわかった。上述の結果とも合わ

せて考えると、英語学習者が産出する英文は英語母語話者の学術散文とは大きく異なり、話し言葉に近い文章になっていると解釈することができる。

　Hinkel (2004) と Biber and Rappen (1998) では、英語学習者が産出した文章に対して誤用分析は行っていない。この点において、学習者データの誤用分析を行った上で、「make + NP」というコロケーションの使用を多面的に分析した Gilquin (2007) は注目に値する。英語母語話者コーパスとして LOCNESS の一部（アメリカ人大学生が産出したデータのみで約17万語）を、英語学習者コーパスとしてフランス人英語学習者が産出したデータ (ICLE のサブ・コーパスで約20万語）を、さらにフランス人英語学習者19人に対して実施した2種類の誘出タスク (elicitation task) の回答結果という3種類の言語データを用いて調査している。

　「make + NP」というコロケーションについて、英語母語話者の使用傾向、英語母語話者と英語学習者による使用傾向の差異、英語学習者のL2 知識を相互に関連させながら分析した。分析対象データに誘出タスクを含めたのは、英語学習者データの誤用を分析するだけでは見えてこないL2 知識に着目したいという意図があったからである。

　分析の結果、フランス人英語学習者は「make + NP」というコロケーションを英語母語話者と比べて過少使用する傾向にあり誤用も少ないこと、動詞 make と一緒に使用される名詞は母語からの影響を受けやすいと解釈できること、ということが明らかになった。誘出タスクの結果からは、母語にあるコロケーションと一致する場合には空所補充問題の正解率が高いこと、コロケーションを含む英文の容認可能性判断タスクにおいて正解していても回答に対する確信度は高いわけではないということがわかった。

　Gilquin は、本研究の結論として、学習者によるコロケーションの使用には「自信のないコロケーションの使用を回避すること」と「対応するコロケーションが母語に存在する場合にはプラスの転移を起こすこと」という2つの要因が働くのではないかと述べている。

3.1.3. 談話構造に関する特徴

まとまりのある文章を作成する上で「結束性」(cohesion)と「首尾一貫性」(coherence)が重要であることは従来から強調されている。これらを実現する言語的手段の1つとして、接続語句(connectors)の使用が第二言語ライティング教育において取り上げられることも多い。学習者コーパスに基づく研究においても、英語学習者による接続語句の使用を調査した研究は多く、フランス人英語学習者による接続語句の使用を分析したGranger and Tyson (1996)、スウェーデン人英語学習者による接続語句の使用を分析したAltenberg and Tapper (1998)、中国人英語学習者による接続語句の使用を分析したMilton (2001)、イタリア人英語学習者による接続語句の使用を分析したDamascelli (2004)、ハンガリー人英語学習者による接続語句の使用を分析したTankó (2004)などがある。

いずれの研究においても、英語母語話者による接続語句の使用との差異を定量的に分析しているが、学習者グループ間で一貫した結果が出ているわけではない。英語学習者による接続語句の過剰使用、あるいは過少使用の原因は、学習者の母語や第二言語ライティングの指導法にあるのではないかと考察されている。

Narita and Sugiura (2006)では、日本人英語学習者コーパス(ICLEの初期のサブ・コーパスで約8万語)を用いて接続語句の使用傾向を分析した。英語母語話者コーパスには、LOCNESSの一部(175人のアメリカ人大学生が産出したデータで約15万語)を用いた。文法書に基づいて、25種類の接続語句を選定し、これらを「列挙・追加」、「例示・言い換え」、「結果・帰結」、「対比・譲歩」という4つの意味カテゴリーに分類した。両コーパスにおける接続語句の使用頻度に加え、文内での使用位置についても調査した結果、以下のようなことが明らかになった。

(1) 日本人英語学習者は全体的に接続語句を過剰使用する傾向にあり、特に文頭での使用が多い(約80%)。一方、英語母語話者は、接続語句を同程度の割合で、文頭または文中に使用する。
(2) 使用頻度の高い接続語句には両者に共通しているものがあり、

これらは for example, however, therefore であった。
(3) 　日本人英語学習者が統計的に有意に過剰使用している接続語句は、for example, of course, first, moreover, in addition, next であった。
(4) 　日本人英語学習者が統計的に有意に過少使用している接続語句は、then, yet, instead であった。

　日本人英語学習者が「列挙・追加」を表す接続語句を多用するのはライティング指導法の影響を受けている可能性が高い。逆に、「対比・譲歩」を表す yet や instead をうまく使用できないのはこれらの語法に習熟していないからではないかと思われる。接続語句の使用位置を含め、指導法の改善が求められる。

　先に、英語学習者が産出した英作文には話し言葉に特徴的な表現が含まれることを Biber and Rappen (1998) で紹介したが、Gilquin and Paquot (2007) はさらに大規模な学習者データを用いて、英語母語話者による産出データとの差異を明らかにした。分析に使用した学習者コーパスは、14 か国の母語話者が産出した論述文 (14 種類の ICLE のサブ・コーパスで全体の規模は約 140 万語) を 1 つにまとめたものである。この学習者データと対照分析するために用意した英語母語話者コーパスは、現代イギリス英語を収集した大規模コーパス British National Corpus (BNC) であり、学術的な文章からなる書き言葉データ (約 1,500 万語) と話し言葉のデータ (約 1,000 万語) を使用した。

　英語学習者のデータを、英語母語話者による書き言葉データと話し言葉データの双方と比較することにより、この 3 種類の言語データが言語的特徴から見てどのような関係になるのかを探ろうとした。本研究で着目したのは、12 種類の修辞的な機能に分類することができる約 350 個の言語表現である。3 種類のコーパスデータを比較したところ、英語学習者は英語母語話者が話し言葉で使用することの多い言語表現を過剰使用する傾向にあることがわかった。たとえば、大半の英語学習者が thanks to, look like, maybe, by the way といった表現を過剰使用していた。さらに、I think, to my mind, from my point of view, it seems to me といった個人的

な考えや意見を述べる表現の過剰使用も観察された。このうち、3種類のコーパスにおける I think の出現頻度を図 2 に示す。

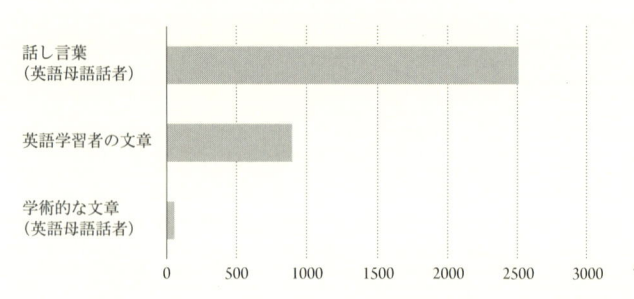

図 2. 3種類のコーパスにおける I think の出現頻度（100 万語あたりの頻度）

　英語学習者の母語に関係なく図 2 に示す結果が得られたことにより、英語学習者が産出する論述文は英語母語話者の話し言葉的な特徴を持った文章になりがちであり、この現象は第二言語習得において母語に関係なく学習者が経験する発達的特徴ではないかと指摘している。こうした口語的な特徴をなくし、学術的な文章にふさわしい書き方を学習者ができるようになるためには、第二言語ライティング指導においてレジスターの違いを意識的に学ばせる活動が必要であり、市販の辞書や教材にもレジスターの違いを明示的に記述することが重要であると提案している。

3.2.　学習者が産出した発話に見られる言語的特徴

　話し言葉コーパスの構築には本章 2.5 節で紹介したように大きなコストがかかるため、話し言葉を収録した学習者コーパスの数は書き言葉と比べると圧倒的に少ない。それでも、論文誌 International Journal of Corpus Linguistics の 2011 年特集号（16 巻 2 号）では話し言葉コーパスを用いた言語研究を取り上げている。本号の編集を担当した Gilquin と De Cock は、話し言葉を書き起こすことによって情報が脱落したり、逆に挿入されたりすることに注意する必要はあるが、コーパスとして存在するようになったことでこれまで見過ごされてきた言語現象を分析できるように

なった意義は大きいと捉えている。

　この特集号に掲載されている Osborne (2011) では、母語話者と学習者の話し言葉における「流暢性」、「統語的複雑性」、「情報伝達の効率性」を、英語とフランス語の2つの言語を対象として分析している。英語とフランス語の母語話者と学習者の発話データは、フランスのサヴォア大学 (Université de Savoie) で構築されたコーパス PARallèle Oral en Langue Etrangère (PAROLE) に収録されているデータを使用している。学習者を「流暢性の高い」グループと「流暢性の低い」グループに分け、発話における統語構造の複雑さと伝達される情報量の双方が、話者の流暢性が高くなるにつれて増加するかどうかを調査した。

　コーパスデータには、発話の境界に加え、主節、従属節、補文節、副詞的修飾句といった統語構造の情報と発話内容（伝達情報）の種類（マクロ的な情報なのか、より具体化されたミクロ的な情報なのか、あるいは補足的な情報なのか）をタグ付けした。これらの言語情報を用いて比較分析した結果、流暢性が高くなるにつれて発話の統語的複雑性が増し、より多くの情報が伝達されるようになることがわかった。さらに、統語構造を細かく分析すると、流暢性の高い学習者は複数の節から構成される発話をするが、母語話者は複数の節ではなく前置詞句を効果的に使用した単一の節で発話する傾向にあることがわかった。母語話者の発話は、構造的には学習者よりも単純な構造を使用して情報を効率的に盛り込むことができると解釈できる。

　英語学習者が産出する発話に頻出する単語連鎖 (n-gram) に着目した研究もある。たとえば、De Cock (2004) では、英語母語話者と英語学習者が使用する単語連鎖にどのような差異があるのかを分析している。英語母語話者による発話データとして LOCNEC（約12万語）を、英語学習者による発話データとしてフランス人英語学習者の発話コーパス（LINDSEI のサブ・コーパスで約9万語）を使用した。両コーパスから抽出した単語連鎖は、2単語連鎖から6単語連鎖までの5種類である。

　分析の結果、繰り返して使用される単語連鎖の頻度は英語学習者の方が統計的に有意に多かったが、単語連鎖の種類自体は英語母語話者とほ

とんど変わりがなかった。しかし、英語学習者の発話に多く観察される同一単語の単純反復や言い淀みを除外して分析してみると、英語学習者は英語母語話者よりも（意味のある）単語連鎖をむしろ過少使用する傾向にあることがわかった。特に、英語母語話者が好んで使用する something like that や or something, things like that, and things, and stuff, sort of thing, or whatever のような曖昧性のある表現が使用されていないことが明らかになった。

こうした曖昧性を持たせる表現は、対人コミュニケーションを円滑にするという機能を持つが、英語学習者の場合にはこれらの表現をうまく使えないために堅苦しい感じを与える発話になってしまうと考えられる。英語としてより自然な発話を産出できるようにするためには、この種の連語表現を辞書や教材を通して明示的に紹介する必要がある。

4. 学習者コーパスと『ヨーロッパ言語共通参照枠』（CEFR）

欧州評議会（Council of Europe）によって制定された Common European Framework of Reference for Languages (CEFR) は日本語では『ヨーロッパ言語共通参照枠』と訳される。この枠組みの目的は、欧州における外国語の学習、教育、評価に共通の基盤を提供することである。特に、外国語による効果的なコミュニケーションを行うために、学習者がどのような言語知識と言語運用能力を備えていなければならないかを6つの習熟度レベル（A1、A2、B1、B2、C1、C2）を設定して記述している。

この CEFR を英語に適用しようとした場合に、CEFR の各習熟度レベルに含まれるべき記述文（具体的に英語で何ができるのかを記述したもの）を解明するために、Cambridge 大学、Cambridge University Press、Cambridge English Language Assessment といった機関が中心となって English Profile Programme (EPP) というプロジェクトを開始した。各習熟度レベルを特徴づける言語運用能力、すなわち各習熟度レベルの基準特性（criterial features）を明確に記述するために、EPP では言語データに基づく実証的研究を目指している。この点において学習者コーパスが果たしうる役

割は大きく、学習者が実際に産出した言語データを参照しながら習熟度レベル間の言語発達を探究している。

EPPで使用している学習者コーパスは、本章2.4節で紹介したCambridge Learner Corpus (CLC) である。CEFRの各習熟度レベルに対応する検定試験で受験者(英語学習者)が回答した結果を収集した学習者コーパスであるが、各習熟度レベルにおいて学習者がどのような語句や文法構造を正しく使用することができるのか、また逆に正しく使用することができないのか(どのような誤りをおかすのか)を、手作業による誤用分析や独自に開発した言語解析ツールを駆使して明らかにしようとしている。

これまでの分析結果をもとに、Hawkins and Filipović (2012) には、習熟度レベル別に基準特性が記述されている。たとえば、自立した言語使用者としてのB1レベルでは、平均文長が10.8単語程度であり、正しく使用できる文法構造には以下のものが含まれている(紙幅の都合で一部のみ抜粋)。

(1) *I ordered him to gather my men to the hall.*
(2) *I saw a girl standing behind me.*
(3) *I received your mail asking for the sales report.*
(4) *It's true that I don't need a ring to make me remember you.*
(5) *He said to me he would like to come back soon.*

(Hawkins and Filipović 2012: 148)

これらの文法構造は、B1レベルの言語使用者に求められるコミュニケーション能力(経験や身近で個人的にも関心のある話題について簡潔に説明できること)を示すのに必要な構造である点が興味深い。

さらに、CLCの誤用分析を通して学習者の母語に特有の基準特性も存在しうることが明らかになりつつある(Hawkins and Buttery 2009)。たとえば、冠詞のあるフランス語、ドイツ語、スペイン語を母語とする英語学習者の場合、CEFRのA2レベルからC2レベルにいたるまで冠詞の脱

落エラーの割合は数パーセントと小さく、レベル間でほとんど差は見られない。一方、冠詞を持たないトルコ語、日本語、韓国語、ロシア語、中国語を母語とする英語学習者の場合には、冠詞の脱落エラーの割合は10～35パーセントにも達しており、レベル間で有意差が見られる。言い換えると、習熟度レベルが上がるにつれて脱落エラーの割合が有意に減少し、冠詞の習得が進む。但し、中国語を母語とする学習者の場合には、誤用が一時的に増えた後に改善されていくというU字型の発達が認められている。

　CLCは大規模な学習者コーパスではあるが、CEFRの各熟達度レベルに対応する学習者データが均等に収集できているわけではない。このデータサイズの不均衡を解消するためのデータ収集が継続して行われていることに加え、EPPでは教室環境で産出されたデータを収集してCambridge English Profile Corpusを構築する新しいプロジェクトも始動している。世界各国の英語学習者が産出したデータを体系的に効率よく収集し分析することで、より広範囲に、しかも厳密にCEFRの基準特性を記述することができるようになるだろう。その結果は、欧州評議会の目標である外国語の学習、教育、評価に還元されることになる。

参考文献

Altenberg, Bengt and Marie Tapper. (1998) The Use of Adverbial Connectors in Advanced Swedish Learners' Written English. Sylviane Granger. (ed.) *Learner English on Computer*, pp.80–93. New York: Addison Wesley Longman Inc.

Biber, Douglas. (1995) *Dimensions of Register Variation: A Cross-linguistic Comparison*. Cambridge: Cambridge University Press.

Biber, Douglas and Randi Reppen. (1998) Comparing Native and Learner Perspectives on English Grammar: A Study of Complement Clauses. Sylviane Granger. (ed.) *Learner English on Computer*, pp.145–158. New York: Addison Wesley Longman Inc.

Bley-Vroman, R. (1983) The Comparative Fallacy in Interlanguage Studies: The Case of Systematicity. *Language Learning* 33: 1–17.

Briscoe, Ted, John Carroll and Rebecca Watson. (2006) The Second Release of the RASP system. *Proceedings of the COLING/ACL 2006 Interactive Presentation Sessions*, Sydney, Australia.

Damascelli, T. Adriana. (2004) The Use of Connectors in Argumentative Essays by Italian EFL Learners. Prat Zagrebelsky. (ed.) *Computer Learner Corpora*, pp.138–160. Alessandria: Edizioni dell'Orso.

De Cock, Sylvie. (2004) Preferred Sequences of Words in NS and NNS Speech. *Belgian Journal of English Language and Literature* (BELL) 2: 225–246.

Díez-Bedmar, M. Bélen and Szilvia Papp. (2008) The Use of the English Article System by Chinese and Spanish Learners. Gaëtanelle Gilquin, Szilvia Papp and Bélen M. Diez-Bedmar. (eds.) *Linking up Contrastive and Learner Corpus Research*, pp.147–175. Amsterdam: Rodopi B. V.

Gilquin, Gaëtanelle. (2007). To Err Is Not All: What Corpus and Elicitation Can Reveal about the Use of Collocations by Learners. *Zeitschrift für Anglistik und Amerikanistik* 55 (3): 273–291.

Gilquin, Gaëtanelle, Sylvie De Cock and Sylviane Granger. (2010) *The Louvain International Database of Spoken English Interlanguage. Handbook and CD-ROM*. Louvain-la-Neuve: Presses Universitaires de Louvain.

Gilquin, Gaëtanelle and Magali Paquot. (2007) Spoken Features in Learner Academic Writing: Identification, Explanation and Solution. *Proceedings of the 4th Corpus Linguistics Conference CL2007*, Birmingham, England.

Granger, Sylviane. (1998a) The Computerized Learner Corpus: A Versatile New Source of Data for SLA Research. Sylviane Granger. (ed.) *Learner English on Computer*, pp.3–18. New York: Addison Wesley Longman Inc.

Granger, Sylviane. (1998b) Prefabricated Patterns in Advanced EFL Writing: Collocations and Formulae. Anthony P. Cowie. (ed.) *Phraseology: Theory, Analysis and Applications*, pp.145–160. Oxford: Oxford University Press.

Granger, Sylviane. (2002) A Bird's-Eye View of Computer Learner Corpus Research. Sylviane Granger, Joseph Hung and Stephanie P. Tyson. (eds.) *Computer Learner Corpora, Second Language Acquisition and Foreign Language Teaching*, pp.3–33. Amsterdam: John Benjamins B. V.

Granger, Sylviane, Estelle Dagneaux, Fanny Meunier and Magali Paquot. (eds.) (2009) *The International Corpus of Learner English. Version 2. Handbook and CD-ROM*. Louvain-la-Neuve: Presses Universitaires de Louvain.

Granger, Sylviane and Stephanie P. Tyson. (1996) Connector Usage in the English Essay Writing of Native and Non-native EFL Speakers of English. *World Englishes* 15 (1): 17–27.

Hawkins, A. John and Paula Buttery. (2009) Using Learner Language from Corpora to Profile Levels of Proficiency: Insights from the English Profile Programme. Lynda Taylor and Cyril J. Weir. (eds.) *Language Testing Matters: Investigating the Wider Social and Educational Impact of Assessment*, pp.158–175. Cambridge: Cambridge University Press.

Hawkins, A. John and Paula Buttery. (2010) Criterial Features in Learner Corpora: Theory and Illustrations. *English Profile Journal* 1 (1), e5.

Hawkins, A. John and Luna Filipovíc. (2012) *Criterial Features in L2 English.: Specifying the Reference Levels of the Common European Framework*. Cambridge: Cambridge University Press.

Hinkel, Eli. (2002) *Second Language Writers' Text: Linguistic and Rhetorical Features*. Mahwah: Lawrence Erlbaum Associates, Inc.

Hinkel, Eli. (2004) Tense, Aspect and the Passive Voice in L1 and L2 Academic Texts. *Language Teaching Research* 8 (1): 5–29.

Huebner, Thorn. (1985) System and Variability in Interlanguage System. *Language Learning* 25: 141–163.

Ionin, Tania, Heejeong Ko and Ken Wexler. (2004) Article Semantics in L2-Acquisition: The Role of Specificity, *Language Acquisition* 12 (1): 3–69.

Izumi, Emi, Kiyotaka Uchimoto and Hitoshi Isahara. (2005) Investigation into Japanese Learners' Acquisition Order of Major Grammatical Morphemes Using Error-tagged Learner Corpus. *Journal of Natural Language Processing* 12: 211–225.

Kilgarriff, Adam and Iztok Kosem. (2012) Corpus Tools for Lexicographers. Sylviane Granger and Magali Paquot (eds.) *Electronic Lexicography*, pp.31–55. Oxford: Oxford University Press.

Lorenz, Gunter. (1998) Overstatement in Advanced Learners' Writing: Stylistic Aspects of Adjective Intensification. Sylviane Granger. (ed.) *Learner English on Computer*, pp.53–66. New York: Addison Wesley Longman Inc.

Milton, John. (1998) Exploiting L1 and Interlanguage Corpora in the Design of an Electronic Language Learning and Production Environment. Sylviane Granger. (ed.) *Learner English on Computer*, pp.186–198. New York: Addison Wesley Longman Inc.

Milton, John. (2001) *Elements of a Written Interlanguage: A Computational and Corpus-based Study of Institutional Influences on the Acquisition of English by Hong Kong Chinese Students*. Hong Kong: The Hong Kong University of Science and Technology.

Narita, Masumi and Masatoshi Sugiura. (2006) The Use of Adverbial Connectors in Argumentative Essays by Japanese EFL College Students. *English Corpus Studies* 13: 23–42.

Osborne, John. (2011) Fluency, Complexity and Informativeness in Native and Non-native Speech. *International Journal of Corpus Linguistics* 16 (2): 276–298.

Pravec, Norma A. (2002) Survey of Learner Corpora. *ICAME Journal* 26: 81–114.

Ringbom, Håkan. (1998) Vocabulary Frequencies in Advanced Learner English: A Cross-Linguistic Approach. Sylviane Granger. (ed.) *Learner English on Computer*, pp.41–52. New York: Addison Wesley Longman Inc.

Sinclair, M. John. (ed.) (2004) *How to Use Corpora in Language Teaching*. Amsterdam: John Benjamins B. V.

Tankó Gyula. (2004) The Use of Adverbial Connectors in Hungarian University Students' Argumentative Essays. John M. Sinclair. (ed.) *How to Use Corpora in Language Teaching*. pp.157–181. Amsterdam: John Benjamins B. V.

Widdowson, H. G. (1997) EIL, ESL, EFL: Global Issues and Local Interests. *World Englishes* 16 (1): 135–146.

V

学習者コーパスⅡ
国内における英語学習者コーパスの開発と研究

石川慎一郎

1. はじめに

　前章で述べたように、海外においては、学習者の言語産出データを集めた各種の学習者コーパスが開発されている。こうした動きは日本にも影響を与え、国内においても、いくつかの学習者コーパスが開発されている。

　以下、2節では、日本人英語学習者を対象とするコーパス開発の背景についてまとめ、3節では、日本人英語学習者コーパスを開発する際の留意点を整理する。4節および5節では、国内で実施された日本人英語学習者コーパス関係の研究プロジェクトならびにこれまでに開発された主要コーパスを概観する。6節では日本人英語学習者コーパスの分析手法の一部を例証し、7節で小括を行う。

2. 日本人英語学習者コーパス開発の背景

　海外、とくにヨーロッパ圏において、すでに各国の英語学習者の言語

産出を集めたコーパスが開発されている中で、あえて日本人英語学習者に特化してコーパス開発を行う必然性はどこにあるのだろうか。

　考慮すべき観点は2つある。1点目は、目標言語となる英語の習熟度の差である。2010年のTOEFL iBT Testの国別平均を見ると、ヨーロッパの各国がおよそ90点以上であるのに対し（ドイツ：95点、フランス：87点、イタリア：89点、ベルギー：97点、オランダ：100点、スウェーデン：92点）、日本の平均点は70点にとどまっている。International Corpus of Learner English (ICLE) (Granger *et al.* 2009) では各国の「中上級（"higher intermediate to advanced"）の大学生」のデータが収集されたが、ヨーロッパで「中上級大学生」と言った場合、後述のCEFR (Common European Framework of Reference for Languages) においてB2からCレベルが中心になるのに対し、日本人英語学習者は8割がAレベルで、「Cレベルはほぼ皆無」という現実もある（根岸 2012）。この意味において、海外の学習者コーパスの分析結果をそのまま日本の英語教育に適用することには問題が多く、日本人英語学習者の実態に即したデータ収集の必要は明らかである。

　2点目は、母語と目標言語間のいわゆる言語距離の差である。フランス語であれドイツ語であれ、目標言語とする英語と母語の間の語彙的・文法的類似度は高く、母語に影響された特有の英語使用傾向も見られる。一方、日本語の場合、英語との類縁性は低く、ヨーロッパの学習者に見られるような母語との類似性に起因する英語使用特性は日本人学習者にはほとんど見られない。一方で、日本語の論理構造に影響された日本人固有の英語使用特性が生じている可能性もある。これらの点を分析する上でも、日本人英語学習者のデータが必要となる。

　ICLE (2版) には日本人上級大学生によるエッセイデータも収録されているが、日本人学習者の多様性を考えると、それだけでは必ずしも十分とは言えない。こうした背景をふまえ、国内においても、各種の日本人英語学習者コーパスの開発気運が高まることとなった。

3. 日本人英語学習者コーパス開発の留意点

　日本人学習者が産出した英語の書き言葉や話し言葉を集めてコーパスを開発しようとする場合、いくつかの留意点が存在する。本節では、対象者、習熟度、言語種別、トピック、収集条件、著作権の5点について概観する。

3.1.　対象者

　一般に、コーパスは母集団に対する標本とされ、コーパス開発においては母集団の定義が重要になる。世界の学習者コーパス研究では、学習者母集団を定義するのに、国や地域を重視する立場と母語を重視する立場とがある。

　これらはともに一長一短があり、たとえば、ベルギーやフィンランドのように複数の母語話者が混在する国では、国や地域の単位で学習者を概括することには問題が多い。一方、中国・香港・台湾のように、社会制度や教育制度が異なる複数の地域で（広義において）母語を共有する場合、母語の単位で学習者を概括することにも問題がある。

　すべての状況にうまく合致する学習者の定義方法はいまだ確立しておらず、全般的傾向として、ヨーロッパ系の学習者コーパス研究では母語が、アジア系の学習者コーパス研究では国や地域が優先されているようである。

　ICLE に基づく研究論文を集めた Granger (1998) の翻訳にあたり、船城・望月 (2008) は下記の注釈を加えている。

　　本書では正確に区別するために編著者の許可をもらって表記法を変えている部分がある。たとえば、Finnish learner は「フィンランド人学習者」または「フィンランド語学習者」となって誤解をまねくおそれがある。本当は「フィンランド語を母語(L1)とする英語学習者」という意味なので、邦訳版では「L1 フィンランド語学習者」と表記した…Finland-Swedish learner はフィンランドのスウェーデン語を母

語とする英語学習者ということなので、「L1 フィンランド-スウェーデン語学習者」と表記している。ちなみに「L1 日本語学習者」という表記は日本語を母語とする英語学習者のことである。(p.264)

　一方、国内で開発された学習者コーパスに関して言うと、後述するJEFLL Corpusは「日本人中高生」の、NICT JLE Corpusは「日本人」の産出を集めたものとされており、いずれも対象学習者は国(国籍)を基準として定義されている。本節においても、こうした国内先行コーパスの方針に倣い、原則として「日本人英語学習者」という呼称を使用することとする。

　もっとも、「日本人英語学習者」という括りにもあいまいな部分が残されている。たとえば、英語圏からの帰国生、英語圏での留学経験者、国内在住であってもバイリンガル環境で育った学習者などが日本人英語学習者コーパスの想定母集団に含まれるのかどうかははっきりしない。先行コーパスの多くは、定義を厳密に定める代わりに、暗黙の了解として、日本で生まれ、日本国籍を持ち、家族・本人ともに日本語を母語とし、一貫して日本で教育を受け、特殊な英語学習経験(イマージョン教育や特別な児童英語教育など)や、英語圏への長期留学経験などを持たない学習者を主たる想定母集団とみなしているようである。

　なお、従来の学習者コーパス研究では十分に注目されてこなかったが、母集団としての「日本人英語学習者」の多様性をより厳密にとらえるためには、今後、個々の学習者の性格や学習動機といった心理面にも配慮を行っていく必要があるだろう。たとえば、言語産出の質を規定する正確性と流暢性について言うと、前者は習熟度と関係が深いが、後者はむしろ性格の外向性などと関係し得る。心理テストや学習動機アンケートなどの結果を組み合わせることができれば、「日本人英語学習者」をより細かく区分し、その英語使用の特性を精緻に分析することが可能になると思われる。

石川慎一郎

3.2. 習熟度

　想定母集団を「日本人英語学習者」とした場合、次に問題になるのが習熟度である。英語圏での長期の滞在者や留学経験者を除外したとしても、母集団としての「日本人英語学習者」には、英語を習い始めたばかりの幼児・児童から、英語を日常的な業務手段として使用しつつ、なお英語学習を続けているビジネスパーソンに至るまで、きわめて多様な層が含まれる。こうした学習者を区別せず一律にコーパスに包含すれば、コーパスは雑多なデータの寄せ集めとなり、かえって使いにくいものになるであろう。

　この問題に対処するため、先行コーパスでは、対象母集団を「中高生」や「大学生」に限定したり、さらには、何らかのテストによって個々の学習者の習熟度を詳しく調査したりする工夫を行っている。

　テストによって学習者の習熟度を測定する場合、問題になるのが比較の方法である。大規模なコーパスを作る場合、対象者の全員が同一のテストを受けていることはまれであり、相互比較のために、異なるテストにおけるスコアを同一の基準に換算する必要が出てくる。

　こうした目的に使用できる基準の1つが前述のCEFRである。CEFRでは言語使用者の習熟度はA (Basic)、B (Independent)、C (Proficient) に大別され、AはA1 (Breakthrough) とA2 (Waystage)、BはB1 (Threshold) とB2 (Vantage)、CはC1 (Effective Operational Proficiency) とC2 (Mastery) に下位区分される。

　CEFRは当該言語を使って遂行可能な事柄 (can-do descriptor) を重視する区分であり、特定のテストスコアとの関連づけを意図したものではないが、TOEIC、TOEFL、IELTSといった主要な習熟度テストについては、テストスコアとCEFRレベルの相関がテスト運営機関から報告されており、各テストのスコアからCEFRレベルへの置き換えが一定の範囲で可能になっている。たとえば、TOEICの合計スコアで言うと、120点以上がA1、225点以上がA2、550点以上がB1、785点以上がB2、945点以上がC1に相当するとされる。

　異なるテストのスコアをCEFRにマッピングしておけば、学習者の習

熟度を共通の物差しで比較することが可能になり、学習者コーパスの分析の精緻度を高めることができる。ただし、日本人英語学習者はCEFRのA2からB1に大半が集中するため、詳細な分析を行うためには、CEFRの低位区分をより細分化すべきだという意見もある。

3.3. 言語種別

　日本人英語学習者コーパスの開発において、対象とする学習者のありようとともに重要になるのが、どのような種別の言語データを収集するかという判断である。

　母語話者コーパスと同様、学習者コーパスも、一般に、書き言葉を集めたものと、話し言葉を集めたものに大別される。前者は、学習者に何らかのトピックを与え、当該の内容について作文を書かせるのが一般的である。このほか、入学試験や大学の学科試験での論述回答をコーパス化することもありうる。後者は、作文と同様、学習者にトピックを示して自由に語らせたり、インタビュー試験における受験者の回答を集めたりすることが多い。

　書き言葉と話し言葉は多くの点で異なる性質を持ち、学習者コーパスにおいても作文・発話の均衡的な収集が求められるところであるが、これまでのところ、学習者コーパスの大半は書き言葉を集めたものとなっている。これは、音声データの文字起こし(書き起こし)にコストがかかることや、文字起こしされたデータが誤りや言いよどみを大量に含み、品詞タグ付けなどの言語処理が行いにくいこと、さらには、音声データの公開が発話者のプライバシーを侵害する可能性があることなどによる。ただし、最近では、文字起こしの一部を自動化させる試みなども行われており、近い将来、学習者の話し言葉収集の基盤環境はある程度改善するものと予想される。

3.4. トピック

　対象とする学習者と収集する言語種別が決まれば、いよいよ、一定のタスクを与えて学習者に言語産出を行わせることになるが、その際、考

慮すべきは、作文や発話のトピックの決定である。

　トピックの決定にあたっては、2つの点が重要である。1点目は、学習者が自然な形で産出できるトピックを選ぶということである。たとえば、中学生に対して高度に政治的なトピックを与えたり、大人に対して過度に幼稚なトピックを与えたりしても、自然な産出を行わせることは難しいであろう。主たる対象とする学習者の実態をふまえたトピック決定が重要である。

　2点目は、トピックの数や比率に対する基本方針を決定することである。言うまでもなく、トピックは言語産出に決定的な影響を及ぼす。たとえば、「地球環境問題」について書かれた作文と、「好きな食べ物」について書かれた作文では、語彙・文法・スタイルなどが大きく異なってしまう。トピックの数については、できるだけ数を増やし、収集される言語の多様性の向上を優先する方向と、できるだけ数を減らし、収集される言語の等質性と比較分析の信頼性の向上を優先する方向がある。これらの是非は研究目的によって変化しうるため、望ましい方向を一意に決めることは難しい。たとえば、L1の異なる学習者の英語使用の多様性を概観しようとするICLEではトピックが900種を超えるが、国際比較研究を重視する後述のICNALEではトピックは2種に限定されている。

　また、トピックごとのサンプル数の統制も検討事項となる。仮に、トピックごとのサンプル数が統制されていないとすると、コーパス全体として分析を行った場合、サンプル数の多いトピックに起因する特性が全体に強く影響を及ぼす可能性もある。

3.5.　収集条件

　トピックに加え、データ収集条件もデータの中身に大きな影響を及ぼす。

　書き言葉であれば、作文の長さ、作文執筆にかける時間、辞書などの参考資料の使用の有無、紙に書くかコンピュータ上でワープロに書くか、ワープロで書く場合はスペルチェックの機能を利用するか否か、評価の有無、授業内で書くか授業外で書くか、といった観点が重要となる。

一方、話し言葉であれば、独話か対話か、どのようなフォーマリティーか（くだけた場面かフォーマルな場面か）、対話であれば相手は母語話者か非母語話者か、当該発話は評価対象になっているかいないか、といった観点が重要であり、これらを事前に統制してデータを収集することが望まれる。

コーパスデータの信頼性を高めるためには、これらの条件についてあらかじめ細かく規定し、完全に規定を満たしたデータだけを収集すべきであるが、大規模なコーパス開発では常にそうした統制が可能とは限らない。事前の統制が物理的に行えない場合は、次善の策として、個々の学習者に対して、当該の言語産出を行った際の条件を細かく記録・報告させることが必要になる。

トピックやデータ収集条件の統制が十分に行われていないと、当該コーパスから得られた結果の解釈が非常に難しくなる。Altenberg (1997) は ICLE の英語母語話者とスウェーデン語母語話者のデータを比較し、スウェーデンの学習者は書き言葉と話し言葉のレジスター差を十分に理解していないために、書き言葉においてもインフォーマルで話者関与性 (involvement) の高い言語を産出するという解釈を呈示したが、データを再分析した Ädel (2008) は、上記で検出された差異はむしろ時間制限の有無と辞書使用の有無に起因すると述べている。分析の元となるコーパスのデータ収集条件が十分に統制されていない場合、分析結果に違いが出たり、結果として解釈の揺れが生じたりする可能性が否定できない。

3.6. 著作権

対象者の範囲を定め、一定の条件でデータ収集を行った後は、それらをまとめてコーパスとして公開する段階に至る。ここで留意すべきは著作権の問題である。

英語教師であれば、授業の一環として、担当の生徒や学生に英作文の課題を提出させることがよくある。これらを集めて電子化すれば、すぐに一定規模のデータベースが作成できるが、言うまでもなく、これをそのまま公開することはできない。学習者の作文はあくまでも学習者の著

作物であり、教師といえども、教育目的を超えて利用することはできないからである。

　公開を前提としたコーパスを作成する場合は、必要に応じて対価を支払ったうえで、学習者からデータの利用・公開に関する許諾書を取る必要がある。かつてはこうした手続きの重要性が十分に認識されていなかったため、公開を目指して集めたデータが公開できなくなったり、一度公開されたものが後に非公開になったりすることも少なくなかった。

　新たに日本人英語学習者コーパスを開発しようとする場合は、法的な権利関係について一定の配慮を行った許諾書をあらかじめ準備しておき、すべての学習者から、データと同時に許諾書を取得する必要があるだろう。阪上・杉浦・成田(2008)には、彼らが使用した許諾書の見本が掲載されており、大いに参考になる。

4. 日本人英語学習者コーパス開発小史

　Longman や Cambridge University Press といった主要な辞書出版社は世界の英語学習者の言語産出を集めた大規模データベースを社内向けに構築しており、日本人学習者のデータもかなり以前から収集していた。一方、日本における学習者コーパス開発に限って言うと、その歴史は1990年代の前半に遡る。

　一定の規模を持ったコーパス開発は資金援助なしでは困難であるため、過去の学習者コーパス開発の多くは公的な研究資金を得て実施されている。ここでは、主として科学研究費補助金(科研費)の枠組みで行われた学習者コーパス開発研究を俯瞰する。なお、先行研究の大半は、何らかの言語学的ないし教育学的関心があり、それを調査する手段として私的なデータベースを作成するというもので、コーパス開発そのものをテーマとした研究は少ない。

　下記で紹介する日本人英語学習者コーパスのうち、JEFLL Corpus、ICNALE、NICT JLE Corpus の3種については、次章で概要を詳しく述べる。

4.1. 1990年代の研究

日本人英語学習者コーパスの開発に関して、最も先駆的な研究課題の1つが、金谷憲による「高校生の英作文能力の特徴－新指導要領『ライティング』の指導のために」(1993～1995年度) である。本プロジェクトでは、英作文に対するフィードバックの教育効果を測定するための基礎資料として、研究グループの投野由紀夫を中心として、日本人中高生の自由英作文が体系的に収集された。データは Tokyo Gakugei University (TGU) Learner Corpus として整備され、投野による「学習者コーパスを利用した英語語彙習得過程の研究」(1996年度) において、名詞・形容詞コロケーション、文型使用状況、語彙発達などが分析された。このデータは、日本人中高生1万人のデータを集めた後述の JEFLL Corpus の一部となっている。

朝尾幸次郎による「第二言語習得研究のための英語学習者コーパスの構築とその利用」(1997～1999年度) では、日本人大学生の英作文など多様なデータが収集され、Corpus of English by Japanese Learners として部分的に公開された。データ収集にあたっては、「浦島太郎」や「桃太郎」といったよく知っている物語を英語で説明するタスク、日本語で短いストーリーを見た後にその内容を説明するタスクなどが用いられた。また、データ収集とあわせ、テキストデータの記録形式の開発や、母語話者による誤り修正文の収集、また、同コーパスを用いた n-gram 共起頻度分析、形態素習得順序仮説検証、学習方略運用研究などが行われた。

中野美智子による「学習者コーパスに基づく音声付発信型電子教材の作成」(1998～1999年度) では、電子教材開発の基礎資料として、日本人の中高大生の作文データと発話データが収集され、収集したデータを用いて、拒絶・謝罪・謝意などの機能表現などが分析された。

4.2. 2001～2005年の研究

2001～2005年の動きとして特筆すべきは、ICLE プロジェクトの一環として日本人英語学習者の産出データ収集が進められたことと、日本人英語学習者の発話を書き起こしした世界最大級のコーパスが作られたこ

とである。これらにより日本の学習者コーパス研究の水準は一気に向上することとなった。

　まず、池上嘉彦による「日本人英語学習者の話し言葉、書き言葉のコーパス作成とその語用論的対照分析」(2000～2002年度／2003～2006年度) では、ICLE および Louvain International Database of Spoken English Interlanguage (LINDSEI) プロジェクトの日本代表として、金子朝子らを中心として、日本人の書き言葉および話し言葉の収集が行われた。書き言葉20万語は ICLE の2版 (2009)、話し言葉7万語は LINDSEI (2010) の一部として、それぞれ CD-ROM 媒体で公開されている。収集したデータを用いた研究も行われており、書き言葉における語彙的連鎖句 (lexical phrase) (Kaneko 2005)、話し言葉における have 動詞句コロケーション（小林 2005)、話し言葉における感情表現 (Kaneko *et al.* 2006) などが分析されている。

　また、科研費によるものではないが、上記とほぼ同時期に行われたのが、情報通信研究機構 (NICT) に所属する和泉絵美・内元清貴・井佐原均による「日本人1200人の英語スピーキングコーパス」開発プロジェクト (2000～2004年度) である。プロジェクトでは、英語の口頭能力試験 (Oral Proficiency Interview: OPI) における学習者発話約200万語分を集め、NICT JLE Corpus (旧称 SST Corpus) を構築した。コーパスは、当初、和泉・内元・井佐原 (2004) の書籍に添付された CD-ROM 媒体で公開され、その後、オンラインで無償公開された。

　このほか、朝尾幸次郎による「英語学習者音声コーパスの作成と利用に関する基礎的／応用的研究」(2000～2001年度) では、新規に日本人学習者の発話音声が収集され、検索用のインタフェースの開発とともに、語彙密度 (タイプ・トークン比)、過剰・過小使用語などの観点から、以前に収集された書き言葉データとの比較が行われた。

　また、鈴木千鶴子 (2003～2005年度) による「学習者コーパス分析に基づくチュートリアル併設型ウェブによる英語発信教育実践研究」では、インタラクティブなやりとりができるウェブサイト上に投稿された9000件の学習者のメッセージがコーパス化された。同コーパスは「Junshin

Online Academia Message Database」として公開された。

4.3. 2006年以降の研究

2006年以降になると、心理言語学的分析手法との融合、学習者評価との関連づけ、授業実践の中でのデータ収集、国際比較の枠組みの導入など、既存研究にはない新しい観点を取り込んだ学習者コーパスの開発が行われるようになってくる。ここでは、2013年度末までの主要研究を概観する。

杉浦正利による「英語学習者のコロケーション知識に関する基礎的研究」(2005～2007年度)は、この間の最も重要な研究成果の1つである。本プロジェクトでは、心理言語学とコーパス言語学という2つの視点から日本人学習者のコロケーション使用傾向を調査することが目指され、後者に関して、大学生・大学院生の英文エッセイが体系的に収集された。集められたデータはNagoya Interlanguage Corpus of English (NICE)として、ダウンロード版およびオンライン検索版の2種類の形態で公開されている。

NICEは、信頼性の高い比較分析が行なえるよう、"Water Pollution"や"Violence on TV"といった11種のトピックについて、辞書を使用せず、1時間で執筆するという条件でデータが収集されている。学習者データとして約7万語(207ファイル)、比較用の母語話者データとして約12万語(200ファイル)が収集されている。本プロジェクトの最大の特徴は、それまでブラックボックス化されることの多かったコーパス開発の作業過程が最新の知見をふまえて検討され、一連の手順が記録・報告されていることである。データ収集の条件、学習者からの許諾取得、テキストファイルの記録形式、公開データの権利処理などに関して多くの重要な提言がなされ、以後の学習者コーパスの開発に大きな影響を及ぼした。

NICEを用いた研究も精力的に行われており、n-gram、基本語コロケーション、強意語句、定型表現、法助動詞、作文テーマの語彙への影響、統計分析による母語話者・学習者の判別項目などが調査されている。杉浦(2008)には、コーパス開発過程の記録に加え、NICEを用いた主要な

研究成果が掲載されている。

　NICEの開発メンバーの1人でもあった成田真澄による「学習者コーパスに基づく英語ライティング能力の評価法に関する研究」(2005〜2007年度)では、ライティング能力の評価指標を探る観点から、日本人大学生約120人による各種の英作文が収集され、TIU Corpus of Learner Englishとして整備された。同コーパスには、トピックと時間を統制したエッセイ、日記、ライティング指導の前後で収集したエッセイの3種が含まれる。エッセイは母語話者によって複数の観点から評価され、高評価を得る作文の言語特性が分析された。

　羽山(木村)恵の「パラレル学習者コーパスの開発とその統語的・語彙的発達の分析」(2006〜2008年度)では、インタビューテストによる学習者の英語発話、母語話者による訂正、学習者が同じ内容を日本語で表現したデータの3種が収集され、相互比較が可能なパラレルコーパスとして整備された。

　原田康也の「学習者プロファイリングに基づく日本人英語学習者音声コーパスの構築と分析」(2006〜2008年度)および「属性付与英語学習者発話コーパスの拡充と分析：大学新入生英語発話能力の経年変化調査」(2009〜2013年度)では、授業内の英語応答練習(印刷された質問の読み上げとこれに対する自発的な応答を少人数で相互に行う)における大学生の発話データが収集され、VALISコーパスとして整備された。継続プロジェクトでは、発話場面を録画したビデオに加え、学生が応答練習に引き続いて行う少人数グループでの発表に使用したパワーポイントや作文のファイルなども広範囲に収集されている。インターネット等で広く一般に公開することを前提にしたものではないが、こうした視点は、従来の学習者コーパスの枠組みを拡張するもので、European Language Portfolioで言う「参考資料集」(dossier)(様々な学習成果物を一元的に記録・管理するファイル)にも似たユニークな試みとして注目される。

　鈴木千鶴子の「英語卒業論文作成支援を目的とした学習者コーパス構築と教育システム開発」(2009〜2011年度)では、約200本の英文卒業論文を学習者コーパスとして整備し、論文への評価と論文に見られる言

語的特性の関係が考察された。同コーパスは「卒業論文 Sentence Search System」として公開された。

　石川慎一郎の「アジア圏英語学習者国際コーパスネットワークの構築による多層的中間言語対照分析」(2010 ～ 2012 年度) では、国際比較研究に耐えるデータベースの開発が目指され、先行的に収集されていた日本人・中国人・韓国人学生の英作文コーパス CEEAUS を拡張する形で、日本を含むアジア圏各国の大学生による統制作文が収集された。集められたデータは International Corpus Network of Asian Learners of English (ICNALE) の書き言葉モジュールとして公開されている。ICNALE は学習者研究のみならず、国際英語研究の資料としても活用しうる。

　このほか、内田充美「英語習熟度の低い日本人大学生の中間言語に見られる借用を分析するためのコーパス構築」(2010 ～ 2013 年度) では、学習管理システムで収集した学習者英作文を分析することで、日本語の文法特性に起因する英文エラーが一定比率を占めることが明らかにされた。

　横山彰三「学習者コーパスに基づく日本人医学英語論文のエラー分析と教授法への応用」(2010 ～ 2012 年度) では、日本人医学専攻生の抄録コーパスを作成し、アカデミックライティング指導の方策を調査した。

　小谷克則「第二言語学習者コーパスを利用した読解能力・作文能力の自動評価法に関する研究」(2010 ～ 2012 年度) では、英語学習者の作文・発音・読解・聴解などのパフォーマンスデータを収集した上で、それらの水準を自動評価するアルゴリズムの検討を行った。

　竹井光子「日米大学の連携によるコンパラブルコーパスの構築と教育的活用」(2011 ～ 2013 年度) では、日本の英語学習者と米国の日本語学習者によるストーリーテリングコーパスを構築し、照応現象を調査した。

　三木望「パラレルコーパスによる日本人英語学習者のライティングの分析」(2012 ～ 2013 年度) では、既存コーパス (NICE) の日本人英作文に対して母語話者による添削文を用意し、それらを文単位で関連付けしてパラレルコーパスを構築した。作成したコーパスは ENEJE Parallel Corpus としてオンラインで公開されている。

5. 主な日本人英語学習者コーパス

　ここでは、すでに言及した各種の日本人英語学習者コーパスのうち、一般に公開されている大型コーパスとして、JEFLL Corpus、ICNALE、NICT JLE Corpus の 3 つを取り上げ、その概要を紹介する。

5.1. JEFLL Corpus
5.1.1. 概要

　Japanese EFL Learner Corpus (JEFLL Corpus) は日本人中高生の英作文を大規模に収集したコーパスで、対象学習者の数は 1 万人、総語数は 67 万語に及ぶ。

　JEFLL Corpus は、(1) 初中級学習者の英語習得データとして世界最大級である、(2) 日本の英語教育環境に密着したデータを集めている、(3) 英作文タスクが明確に統制されている、(4) 英文中で使用された日本語に着目した研究が可能となる、といったユニークな特徴を持つ (投野 2007)。

5.1.2. 対象

　JEFLL Corpus に収録された学習者の学年別構成は、中学 1 年生が 8%、中学 2 年生が 25%、中学 3 年生が 18%、高校 1 年生が 10%、高校 2 年生が 27%、高校 3 年生が 12% である。中学校が 51%、高校が 49% となって、中高間のバランスがとれている。

　参加生徒の在籍校は国立が 50%、私立が 42%、一般の公立が 8% で、相対的に高い英語力を持つ生徒が過半を占めるが、個々の生徒の習熟度データは公開されていない。

5.1.3. 内容

　JEFLL Corpus における作文トピック数は 6 種類で、論説タイプとして「朝ごはんにはパンがいいかご飯がいいか」「大地震が来たら何を持って逃げますか」「お年玉＊万円もらったら、何を買いますか」の 3 種、叙述タイプとして「あなたの学校の文化祭について教えてください」「浦島太

郎のその後について想像して書きなさい」「今までに見た怖い夢について教えてください」の3種がある。これらは、中高生にとって身近なトピックであると同時に、時制や仮定法などが自然に出現するよう配慮が行われている。

データ収集は、中高の英語授業の枠内で行われた。最初に指示文とモデル文が配布され、その後、辞書を使用せず、20分間かけて執筆することが求められた。英語で書けない部分については日本語使用が認められた。初級学習者の場合、書けない表現があるとそこで止まってしまうということが少なくないが、日本語使用を許容することで、多くの産出が引き出されただけでなく、中高生がうまく英語で表現できない項目だけを取り出して分析することも可能になっている。

5.1.4. 公開・利用

JEFLL Corpus はテキストデータそのものを入手して各自で分析することはできないが、オンラインの小学館コーパスネットワーク上で無償公開されている。小学館の検索システムは、同社が提供する British National Corpus や Wordbanks Online の有償検索サービスで採用されているものと同一で、KWIC 検索をはじめ、一般的な検索が行える。

下記は、サンプルとして動詞 went を含むコンコーダンスラインの一部を表示させたところである。

```
                              I went to music shop .
                              I went to shop .
                              I went to music shop by my bike .
              I and brother are went to [JP:bunboguya] by bike last Sunday .
                              I went to ski on December 27 from 30 It was very very fu
                         So I went to [JP:shoppingu] with my family one week ago .
  1800 SALE " ( on [JP:koukoku] ) so , I went to that store and found very good game softs .
                              I went to bet with it [JP:小さいころ] So I do n't [JPさみし
 en I was 9 years old , I lived in U.S. and went to American school .
```

図1. JEFLL Corpus における went のコンコーダンスラインの一部

コンコーダンスラインを見ると、学習者の習熟度段階を反映して、全体として短い単文が多いことがわかる。また、*are went、*went to ski などの文法的な誤りも少なくない。散見される [JP:] というタグは、当該語が日本語もしくはローマ字で書かれていることを示す。これらは初級学習者が英語で言おうとして言えなかった内容や表現を明示的に特定するもので、研究上、きわめて有益な情報を提供してくれる。

JEFLL Corpus を利用した主な研究は、投野 (2007) や投野・金子・杉浦・和泉 (2013) に収録されている。同書所収の各論文では、学年ごとの高頻度使用語彙や単語連鎖、また、習熟度上昇に伴う品詞比率の変化などが詳細に分析されている。

5.2. ICNALE

5.2.1. 概要

International Corpus Network of Asian Learners of English (ICNALE) は、英米母語話者および、日本を含むアジア圏 10 カ国 (地域) の大学生 (含院生) の英作文および英語発話を大規模に収集したコーパスである。書き言葉モジュールの対象者の数は 2800 人、総語数は 130 万語に及ぶ。うち日本人データは 400 人、18 万語である。話し言葉モジュールは 2015 年度末に完成予定だが、2015 年 9 月現在、1100 人による 4400 分の発話音声ファイルと、約 45 万語の書き起こしデータが先行公開されている。

ICNALE は、(1) アジア圏国際英語学習者コーパスとして世界最大である、(2) アジア圏の多様な国・地域でデータを収集している、(3) トピックや産出条件が一定の範囲で統制されている、(4) 学習者の習熟度・心理属性・学習経験などが調査されている、(5) L1 産出、修訂・校閲などのモジュールが並行的に開発されている、といった特徴を持つ (Ishikawa 2013)。

5.2.2. 対象

書き言葉モジュールについて言うと、書き手の国 (地域) 別構成は、日本・中国・タイが 400 名、韓国が 300 名、香港が 100 名、シンガポー

ル・フィリピン・パキスタン・インドネシア・台湾が200名、英語母語話者が200名となっている。Kachru (1985) の主張する英語使用者の3分類に基づいて言うと、英語を母語とする内円 (Inner Circle) が200名、英語を第2言語とする外円が (Outer Circle) が700名 (フィリピン・シンガポール・香港・パキスタン)、英語を外国語として学ぶ拡張円 (Expanding Circle) が1900名 (日本・中国・韓国・タイ・インドネシア) となり、アジア圏の英語の多様性が反映されている。このように、国際的背景をふまえてデータを収集しているという点で、ICNALE は、ICLE とともに「今後の中間言語研究に不可欠の研究資源」になるものと期待される (Granger 2013)。なお、非母語話者は全員が学生で、母語話者は学生と社会人が半数ずつである。

5.2.3. 内容

ICNALE におけるトピックは書き言葉・話し言葉ともに共通で、「大学生のアルバイト」(It is important for college students to have a part time job) と「レストランでの全面禁煙」(Smoking should be completely banned at all the restaurants in the country) の2種類である。参加者は、呈示された英文への賛否を述べるよう求められた。これらは学生にとって関心の高いトピックであり、また、個人的問題と社会的問題という異なるレベルにおいて多様な語彙や表現が引き出せるよう配慮されている。全員が2つのトピックについて産出するため、トピックごとのサンプル数は同数である。

データ収集は、原則として授業外で行われた。最初に、個人属性 (性別・学年・専門・専攻等)、習熟度 (TOEIC、TOEFL などの標準テストのスコア)、学習履歴 (小中高大における学校内外での英語学習量、4技能のウェイト、エッセイライティングなどの学習経験、母語話者による指導経験の有無)、学習動機 (道具的動機、統合的動機) に関するアンケートと、語彙テスト (Nation and Begler 2007) に回答する。その後、書き言葉モジュールの場合は、ワープロ上で、辞書を使わず、1つにつき20～40分かけて200～300語の作文を執筆する (Ishikawa 2013)。一方、話し言葉モジュールでは、留守番電話サーバを用いたシステム上で、音声

指示に従って、1つのトピックにつき1分間の発話を2度行う(Ishikawa 2014)。

学習者の習熟度は、標準テストのスコア(未受験の場合は、語彙テストスコアから算出した標準テストの予測スコア)に基づき、4段階のCEFRレベル(A2、B1_1、B1_2、B2+)に区分された。日本人学生の書き言葉モジュールの場合は、A2が38.5%、B1_1が44.8%、B1_2が12.3%、B2+が4.5%である。国により習熟度別の人数比は異なるが、特定の習熟度の学習者だけを抽出して比較できるようになっている。

5.2.4. 公開・利用

ICNALEはテキストデータそのものを入手して各自で分析することが可能である。また、ICNALE Online上でも無償公開されている。ICNALE Onlineでは、KWIC検索、語彙表作成、コロケーション検索、特徴語抽出などが行える。

下記は、書き言葉モジュールより、動詞 went を含むコンコーダンスラインの一部を表示させたところである。

I have an experience . I	went	to a restaurant with my friend . Of course we
r smoker and for non-smoker . However when I	went	to the restaurant smokers ' seats were vacant and
I have a horrible experience before . I	went	to the restaurant to have a lunch with my family
n't feel good to some people including me . I	went	to a restaurant with a friend who often smokes .
than me can pay attention to people . When I	went	to a restaurant with him and my seniors I noticed
I made the manager very angry . More over I	went	to work only one day a week . So the
of food affects the taste very much . When I	went	to Kyoto I entered a Japanese cafe and I was

図2. ICNALEにおけるwentのコンコーダンスラインの一部

コンコーダンスラインを見ると、文法や語法の問題は残るものの、中高生の作文を集めたJEFLL Corpusと比べ、1文が長くなり、より洗練された語彙や構文が使用されていることがわかる。

ICNALEを用いた研究は、石川(2012)、Ishikawa ed. (2013)、Ishikawa ed.

(2014)などにまとめられている。英文論文集には、アジア圏学習者の高頻度語・受動態・ly 副詞・基本動詞・前置詞・助動詞などを分析した論文が収められている。このほか、石川・前田・山崎 (2010) では、ICNALE の前身にあたる CEEAUS のデータを用いた統計分析の実例が報告されている。また、和英辞典 (小西 2012) にも、ICNALE で明らかになった日本人学習者の過剰・過小使用語がコラムとして掲載された。これは学習者コーパスの教育応用の一例である。

5.3. NICT JLE Corpus

5.3.1. 概要

National Institute of Information and Communications Technology Japanese Learners of English Corpus (NICT JLE Corpus) は、英語口頭能力試験における日本人英語学習者の発話の書き起こしデータからなるコーパスで、対象学習者の数は 1281 人、総語数は約 200 万語に及ぶ。

NICT JLE Corpus は、(1) 英語学習者の話し言葉コーパスとして世界最大級である、(2) 幅広い日本人学習者のデータを収集している、(3) 発話の内容が体系化されている、(4) 口頭発話能力をはじめとする学習者属性が調査されている、(5) 一部に誤用タグが付与されている、といった多くの特徴を持つ (和泉・内元・井佐原 2004)。

5.3.2. 対象

NICT JLE Corpus に収録された学習者の年齢構成は、およそ、10 代が 16%、20 代が 41%、30 代が 27%、40 代以上が 16% であり (年齢情報のないデータは分母から除く)、他の日本人英語学習者コーパスに比べ、より社会的に幅広い層の学習者データが収集されている。

学習者の習熟度は、後述する SST によって判定された発話能力段階において、Novice (レベル 1 〜 3) が 20%、Intermediate (レベル 4 〜 8) が 77%、Advanced (レベル 9) が 3% である。

5.3.3. 内容

　NICT JLE Corpus に含まれるデータは、全米外国語教育協会 (American Council on the Teaching of Foreign Languages: ACTFL) の口頭言語能力試験 (Oral Proficiency Interview) 実施基準に準拠して開発された Standard Speaking Test (SST) における受験者と試験官の発話の総体である。

　データ収集は、ボランティア (一部は謝礼支払い) の受験者を集めて行われた。受験者はまず、ステージ 1 で試験官と平易なやりとりを行う (2 〜 4 分)。その後、ステージ 2 で 1 枚ものイラストの内容を描写し (2 〜 3 分)、ステージ 3 で試験官とロールプレイを行い (1 〜 4 分)、ステージ 4 で 4 コマないし 6 コマのイラストからストーリーを考えて述べる (2 〜 3 分)。最後に、ステージ 5 で再び試験官と平易なやりとりを行い (1 〜 2 分)、試験は終了する。

　各ステージにはあらかじめ複数のタスクが用意されており、試験官がその場の判断でいずれかのタスクを与える。タスク数は、ステージ 2 が 7 種 (教室・電気店・地図・食堂など)、ステージ 3 が 14 種 (招待・買い物・列車など)、ステージ 4 が 9 種 (キャンプ・事故・デパートなど) である。受験者により話すトピックは異なるが、どのようなタスクの組み合わせであっても、言語の多面的機能が偏りなく引き出せるよう配慮されている。

　なお、受験者の習熟度は、SST におけるパフォーマンスに基づき、評価官が決定する。評価は、Global Functions (言葉を使って何ができるか)、Context/Content Area (どんな状況でどんな内容が話せるか)、Text Type (どんな構文や構成が使えるか)、Accuracy (どれだけ正確に話せるか) などの観点に基づいて総合的に行われる。

5.3.4. 公開・利用

　NICT JLE Corpus はテキストデータをダウンロードして自由に検索することができる。また、和泉・内元・井佐原 (2004) に添付された CD-ROM には専用の分析ソフトウェア (NICT JLE Corpus Analysis Tool) が収録されており、条件合致データ抽出、コンコーダンス検索、語・コロ

ケーション頻度解析などが行える。

　下記は、ソフトウェアを用いて、動詞 went を含むコンコーダンスラインの一部を表示させたところである。

```
o that. <F>Mm</F> <R>they</R> they    went   to zoo. <.></.> <R>So he</
he drove his car, <.></.> and they     went   to a zoo. <..></..> Hiroko
ee <F>mmm</F> lion's area, so they     went   to there. And <F>mmm</F> t
barked her. <.></.> And then, they     went   to monkey's area. <.></.>
.> go shopping, <.></.> and <R>she     went   to</R> <.></.> she went to
and <R>she went to</R> <.></.> she     went   to the supermarket <.></.>
trunk of the car. And <.></.> she      went   to home, and she <R>prepar
iage, <F>mm</F> we <F>eh</F> often     went   to love romance <nvs>laugh
F> <.></.> <SC>go to</SC> <F>a</F>     went   to <F>umhm</F> driving the
/R> go to the supermarket. Then, I     went   to supermarket <R>by</R> b
```

図3. NICT JLE Corpus における went のコンコーダンスラインの一部

　コンコーダンスラインを見ると、<F>、<R>、<SC>、<.>、<..> といったタグが散見される。これらは、それぞれ、フィラー (filler)、言い直し (restate)、自己訂正 (self-correction)、2秒以上のポーズ、3秒以上のポーズを示す。音声データそのものは公開されていないが、上記のような詳細な談話タグによって、実際の発話の様子が正確に記録・再現されている。

　NICT JLE Corpus を利用した代表的な研究は和泉・内元・井佐原 (2004) や投野・金子・杉浦・和泉 (2013) に収録されている。同書では、学習者のレベル別の高頻度使用語彙・特徴語・コロケーション、要求発話時のストラテジー使用パタン、冠詞誤用傾向などが分析されている。また、小林 (2007) では、多変量解析手法を用い、SST レベルが語彙分布とどのように関係しているかが考察されている。

6. 学習者コーパス研究手法の概観

　学習者コーパスの研究手法の中で最も特徴的なものは、学習者の誤用を探るエラーアナリシスである。エラーアナリシスは学習者コーパスの開発以前から広く行われてきたが、コーパスと組み合わさることで、エラーの量的分析を行なうことが可能になった。

このほか、学習者コーパスを探索的に調査しようとする場合、使用できる手法は、基本的に、母語話者コーパスの分析手法に準じる。ただ、学習者コーパスでは、トピックや収集条件といった変数の影響度が相対的に高いため、データ全体をひとまとめにして分析するだけでなく、条件を細かく設定し、それに合致するデータだけを切り出して再分析することも重要である。以下では、前節で紹介した3種の日本人英語学習者コーパスのデータを使用し、基本的な分析手法を例証する。

6.1. 語彙頻度分析

語彙頻度分析とは、特定テキストに含まれるすべての語を網羅的に抜き出し、各々の頻度を調べる手法である。これにより、当該テキストの特性をマクロ的な観点から把握することができる。語彙頻度分析は、各種のコーパス分析手法の中で、最も基本的かつ強力なものである。

ここでは、NICT JLE Corpus を用い、初級(SST レベル 1 〜 3)の 260 名と、上級(SST レベル 8 〜 9)の 96 名による高頻度使用語彙を比較する。

異なる学習者グループを比較する場合、比較しようとする観点(この場合は習熟度)以外の要因が結果に影響を及ぼす可能性を考慮する必要がある。そのため、以下では、両群が口頭能力試験で産出した全データ(受験者により個々のタスク内容は異なる)の比較に加え、同一課題(タスク 2 の「食堂」イラスト描写。タスク部のみ)に限った比較をあわせて行う。後者の課題条件に合致する学習者数は初級が 69 名、上級が 14 名である。

図 4. Analysis Tool を用いた分析対象ファイルのフィルタリング

2種類の分析をふまえ、両群で高頻度に使用されている上位 15 語（大文字・小文字区別なし）を抽出すると、下記の通りであった。

表 1. 初級および上級学習者の使用語彙

データ全体 \多 \多				「食堂」イラスト描写課題のみ			
初級		上級		初級		上級	
語	百分率	語	百分率	語	百分率	語	百分率
I	5.76	I	5.48	and	4.89	I	4.75
and	4.10	and	3.86	I	4.32	and	4.48
is	2.98	the	3.80	restaurant	3.65	the	3.83
to	2.62	to	3.06	is	3.43	a	3.53
yes	2.56	a	2.03	the	2.80	is	2.67
the	2.24	it	1.96	yes	2.23	to	2.29
my	1.95	so	1.83	a	2.09	it	1.96
a	1.57	you	1.52	to	1.91	so	1.63
you	1.47	's	1.47	wine	1.82	restaurant	1.60
so	1.41	in	1.46	in	1.74	's	1.51
in	1.39	but	1.33	this	1.54	of	1.48
yeah	1.33	that	1.25	's	1.16	wine	1.37
very	1.14	of	1.24	my	1.14	like	1.34
o	1.08	is	1.22	like	1.11	in	1.22
go	1.02	was	1.16	go	1.05	yeah	1.16

産出データ全体における高頻度語を見ると、初級と上級間で、上位15 語中 9 語が重複しており、初級のみで上位に入っていたのは yes, my, yeah, very, o（大半は o'clock の一部）, go、上級のみは it, 's, but, that, of, was であった。ただし、これらが真に習熟度の差によるものかどうかは慎重に判断する必要がある。そこで、同一課題での発話に限って比較すると、重複は 11 語に増え、初級のみで上位に入っていたのは yes, this, my, go、上級のみは it, so, of, yeah であった。

　以上より、初級学習者は話者自身を取り巻く直近環境に関わる語 (this, my) を多用し、上級学習者は外的な事物に関わる語 (it) や、テキスト内で文構造や論理構造の複雑化に寄与する語 (of, so) を多用すると言えそうである。また、間投詞の多用は初級・上級に共通する特徴であるが、初級者はとくに yes を多用する傾向が認められる。

　語彙分析から得られたこうした結果は、初級学習者と上級学習者による発話の言語的特性を考察する上で重要なヒントを与えてくれる。なお、加えて注目すべきは、内容を考慮せずにデータの総体を比較した場合と、内容を統制して比較した場合とで、得られる結果が異なることである。このことは、比較研究における条件統制の重要性を改めて示唆している。

6.2.　特徴語分析

　特徴語分析とは、2 種類のテキストに含まれる語の頻度を網羅的に比較し、一方において過剰ないし過小に頻出している特徴語を抽出する手法である。語彙頻度分析がもっぱら高頻度語に注目するのに対し、特徴語分析では、低頻度語も含めて、当該テキストを特徴づけている語を検出できる。

　ここでは、ICNALE Online を用い、英語母語話者（大学生）を基準とした際の、日本人・中国人・韓国人学習者（B1_1 レベル）の特徴的過剰使用語を比較する。特徴度の量化には、カイ二乗統計量を加工した対数尤度比 (LL) を用いる。

図 5. ICNALE Online (Keywords Analysis) における比較データの指定

分析をふまえ、各群で最も顕著に過剰使用されている上位 15 語を抽出すると、下記の通りであった。

表 2. 日本人・中国人・韓国人学習者の過剰使用語彙

日本		中国		韓国	
特徴語	LL	特徴語	LL	特徴語	LL
we	370.34	we	429.50	cigarette	114.24
smoke	153.00	our	231.34	smoke	100.44
completely	123.14	public	157.22	job	64.40
money	108.28	society	133.74	money	55.94
smoking	98.06	us	121.36	damage	54.46
people	88.16	can	100.18	part	48.92
seats	87.44	more	89.34	tuition	48.12
agree	78.22	's	80.40	university	47.50
society	76.86	others	74.44	smoking	47.00
but	76.80	harm	66.12	smoker	40.98
must	73.80	completely	60.00	restaurant	40.18
smoker	71.88	places	59.78	non	38.08
restaurant	59.86	people	57.78	must	36.86
n't	57.54	job	55.66	people	36.26
eating	57.52	smoking	53.80	place	35.46

学習者は与えられたトピック文中の語や表現を流用する傾向があり、上記にも 2 種のトピック関連語彙が多く含まれているが、注目に値するのは、より一般的な過剰使用語彙である。日本人学習者の過剰使用語を見ると、複数 1 人称の we、不定人称の people、逆接接続詞の but、助動詞の must、縮約形 n't などが含まれていることがわかる。

　上記は興味深い結果であるが、これらがすべて日本人学習者に固有の特徴であるとは限らない。そこで、3 カ国の過剰使用語を概観すると、日本人学習者の過剰使用語のうち、people は日中韓 3 カ国で、we は日中 2 カ国で、must は日韓 2 カ国で上位の過剰使用語となっており、これらはむしろアジア圏学習者共通の過剰使用語である可能性が示された。一方、but や n't は、調査範囲に限って言えば、日本人学習者に固有の過剰使用語であると思われる。

　日本人による but や n't の多用の背景としては、国内において、作文指導の場で順接や逆接といった論理接続の明示が過度に強調されがちであることや、教材が話し言葉に偏って編纂されていることなどが想定される。詳細は Ishikawa(2013)を参照されたい。

　特徴語分析から得られたこうした結果は、日本の英語教育における語彙指導や作文指導の改善のヒントとなりうる。従来の研究では、母語話者と日本人学習者の比較で得られた結果をそのまま日本人学習者の特性と解釈することが多かったが、国際比較の観点を導入することで、アジア圏学習者の共通特性と日本人学習者の固有特性を切り分けて論じることが可能になる。

6.3.　コンコーダンス分析

　コンコーダンス分析とは、調査対象とする語や表現を含む部分をテキストの全体から網羅的に抽出し、一括表示する手法である。語彙頻度分析や特徴語分析が主として量的観点からテキストを分析するのに対し、コンコーダンス分析では質的な検証が重要になる。

　ここでは、JEFLL Corpus を用い、日本人中学生と高校生の really の使用状況を比較する。トピックの影響を統制するため、「朝ごはん」のト

ピックについて書かれた作文に検索対象を限定する。1万語あたりの調整頻度で比較すると、中学生の really 使用は1.1回、高校生は2.9回であった。

検索により、下記のようなデータが得られた。誤りも修正せず転載している。

（中学生）Really?/So I really like Sunday./It is really delicious!/And my parents really think so, too./If you really want to be slim.../So really I like sleeping better than breakfast.

（高校生）It's seldom I eat rice for breadfast, really./By the way, I really want to have [JP: donburi] .../But I think problem which breakfast styles is better is not really important for us./The most important thing is to get foods that our body really needs./...taking a breakfast is really important for ous selves./Really, I would like to eat rice.../Because my mother doesn't really like bread.

中学生の really の使用例を見ると、大半が、話者の思考や感情 (think, like, want) を強調するものとなっている。一方、高校生の使用例を見ると、文副詞的用法、部分否定的用法、非人称主語の客観的状態を強める用法など、表現の幅が一気に広がっていることがわかる。一般に、語彙力には「広さ」と「深さ」の両面があるとされるが、中学生と高校生の really の使用状況を比較すると、量的に増加しているだけでなく、質的にも深化していることがはっきりと確認できる。

コンコーダンス分析の結果は、学習の発達段階の中で、日本人学習者の語彙知識がどのように深化・拡張していくかを探る上で興味深いヒントとなる。学習者コーパス分析を積み重ねることによって、日本人学習者の第2言語の語彙獲得プロセスをより客観的な形で明示化できると考えられる。

石川慎一郎

7. おわりに

　以上、本章においては、国内での日本人英語学習者コーパス開発の背景、開発上の留意点、過去の研究、主要なコーパス、学習者コーパス研究手法等について概観してきた。国内において学習者コーパス研究が開始された1990年代から四半世紀近くを経て、ようやく、一定規模のコーパスが整備され、さらなる研究のための基盤が整ってきたと言える。今後は、作る段階から使う段階へと歩みを進め、各種のコーパスを縦横に活用しながら、日本人学習者の第2言語獲得過程の解明や、英語教育システムの改善を行っていくことが重要になってくるであろう。

　なお、これらの点を考える際に有益な文献として、学習者コーパス研究の諸相を網羅的にまとめた投野・金子・杉浦・和泉（2013）がある。同書は、4名の著者がそれぞれ関わった学習者コーパスの概要紹介に加え、日本人学習者による語彙使用（言語的特徴・語彙密度・語彙発達等）、ストラテジー使用、各種の言語表現使用（移動動詞・冠詞・感情表現・母語表現・副詞＋形容詞コロケーション・of連語等）などに関する分析実例が紹介されている。また、各種の統計手法を用いた学習者データの分析手法や、学習者コーパスを活用した新しい教授法なども提案されている。前章および本章で扱った内容についてより深く学ぼうとする読者にとって必読書と言えよう。

参考文献

Ädel, Annelie. (2008) Involvement Features in Writing: Do time and interaction trump register awareness? Gaëtanelle Gilquin, Szilvia Papp and María Belén Díez-Bedmar (eds.) *Linking Up Contrastive and Learner Corpus Research*, pp.35–53. Amsterdam: Rodopi.

Altenberg, Bengt. (1997) Exploring the Swedish Component of the International Corpus of Learner English. Barbara Lewandowska-Tomaszcyk and Patrick James Melia (eds.) *PALC'97: Practical Applications in Language Corpora*, pp.119–132. Lódz, Poland: Lódz University Press.

Granger, Sylviane. (ed.) (1998) *Learner English on Computer*. Harlow, England: Addison Wesley Longman.
　［グレンジャー・シルヴィアン　船城道雄・望月通子訳 (2008)『英語学習者コーパス

入門―SLA とコーパス言語学の出会い―』研究社出版.]

Granger, Sylviane. (2013) The Passive in Learner English Corpus: Insights and implications for pedagogical grammar. Shin'ichiro Ishikawa (ed.) *Learner Corpus Studies in Asia and the World Vol. 1*, pp.5–16. Kobe, Japan: Kobe University.

Gilquin, Gaëtanelle, Sylvie De Cock and Sylviane Granger. (2010) *Louvain International Database of Spoken English Interlanguage*. Louvain-la-Neuve, Belgium: Presses universitaires de Louvain.

Granger, Sylviane, Estelle Dagneaux, Fanny Meunier and Magali Paquot. (eds.) (2009) *International Corpus of Learner English*. Version 2. Louvain-la-Neuve, Belgium: Presses universitaires de Louvain.

石川慎一郎 (2012)『ベーシックコーパス言語学』ひつじ書房.

Ishikawa, Shin'ichiro. (ed.) (2013) *Learner Corpus Studies in Asia and the World Vol. 1*. Kobe, Japan: Kobe University.

Ishikawa, Shin'ichiro. (2013) The ICNALE and Sophisticated Contrastive Interlanguage Analysis of Asian Learners of English. Shin'ichiro Ishikawa (ed.) *Learner Corpus Studies in Asia and the World Vol. 1*, pp. 91–118. Kobe, Japan: Kobe University.

Ishikawa, Shin'ichiro. (ed.) (2014) *Learner Corpus Studies in Asia and the World Vol. 2*. Kobe, Japan: Kobe University.

Ishikawa, Shin'ichiro. (2014) Design of the ICNALE-Spoken: A new database for multi-modal contrastive interlanguage analysis. Shin'ichiro Ishikawa (ed.) *Learner Corpus Studies in Asia and the World Vol. 2*, pp. 63–75. Kobe, Japan: Kobe University.

石川慎一郎・前田忠彦・山崎誠編著 (2010)『言語研究のための統計入門』くろしお出版.

和泉絵美・内元清貴・井佐原均編 (2004)『日本人 1200 人の英語スピーキングコーパス』アルク.

Kachru, Braj B. (1985) Standards, Codification and Sociolinguistic Realism: The English language in the outer circle. Randolph Quirk and Henry Widdowson (eds.) *English in the World: Teaching and learning the language and literatures*, pp.11–30. Cambridge, England: Cambridge University Press.

Kaneko, Tomoko. (2005) English Lexical Phrases Used by Japanese University Students.『学苑』774: 1–14. 昭和女子大学.

Kaneko, Tomoko, Takako Kobayashi and Misuzu Takami. (2006) The Use of Emotional Expressions in English by Non-Native Speakers: A corpus-based comparative study.『学苑』785: 45–55. 昭和女子大学.

小林多佳子 (2005)「学習者コーパスを利用したコロケーションの分析―動詞"have"の共起表現を中心に―」『英語コーパス研究』12: 53–66. 英語コーパス学会.

小林雄一郎 (2007)「The NICT JLE Corpus と語彙研究―SST レベルの再検証―」『英文學誌』49: 17–29. 法政大学英文学会.

小西友七監修 (2012)『ウィズダム和英辞典』第 2 版. 三省堂.

Nation, Paul and David Beglar. (2007) A Vocabulary Size Test. *The Language Teacher* 31 (7) : 9–13.

阪上辰也・杉浦正利・成田真澄 (2008)「学習者コーパス『NICE』の構築」杉浦正利編著 (2008)『平成 17 ～ 19 年度科学研究費補助金基盤研究 (B) 研究成果報告書―英語学習者のコロケーション知識に関する基盤的研究―』pp.1–14. 名古屋大学.

杉浦正利編著 (2008)『平成 17 ～ 19 年度科学研究費補助金基盤研究 (B) 研究成果報告書―英語学習者のコロケーション知識に関する基礎的研究―』名古屋大学.

投野由紀夫編著 (2007)『日本人中高生一万人の英語コーパス―中高生が書く英文の実態とその分析―』小学館.

投野由紀夫・金子朝子・杉浦正利・和泉絵美編著 (2013)『英語学習者コーパス活用ハンドブック』大修館書店.

根岸雅史 (2012)「CAN-DO リストは日本の英語教育に何をもたらすか」文部科学省, ブリティッシュ・カウンシル共催シンポジウム「CAN-DO リストを活用した学習到達目標の設定と評価―CEFR が日本にもたらす示唆―」(2012 年 5 月 29 日, 於：文部科学省) 講演資料.

VI

コーパスと EAP/ESP 教育

小山由紀江

1. EAP/ESP コーパスの概観

1.1.　ESP の理論と定義

　ESP は English for Specific Purposes の略で、「特定の目的のための英語（教育・研究の方法）」を指し、1960 年代から使われている言葉であるが、その定義は研究者により少しずつ異なりまた時代により変化してきた。しかし、ESP の定義について詳述する前に ESP の基本概念であるジャンル (genre) について触れておきたい。このジャンルという言葉を言語教育の重要な概念として最初に取り上げたのは John Swales である。彼は Swales (1990: 24–27) の中で、ジャンルの特性として以下の 6 点を挙げている。

1) ジャンル内で広く認められた目標があること
2) 構成員の間でのコミュニケーションのメカニズムがあること
3) 情報とフィードバックを提供するためにそのメカニズムを使うこと

4）目的をさらに促進するために1つ以上の専門に通じていること
5）ある特定の語彙を獲得していること
6）構成員が最低限の専門知識を持っていること

これらを満たしていることがジャンルの特性である。換言すればあるジャンルに属する人間は、同じジャンルの人と共有している目的を実現するために、同じメカニズムで行うコミュニケーションを通して情報やフィードバックのやり取りをし、そのために必要なジャンル内で使われる専門語彙と専門知識はその構成員全員が有している、ということである。

以上ジャンルの特性について説明したがさらにSwalesは、ジャンルの定義付けを以下のようにまとめている。"a class of communicative events, the members of which share some set of communicative purposes. These purposes are recognised by the expert members of the parent discourse community, and thereby constitute the rationale for the genre. This rationale shapes the schematic structure of the discourse and influences and constrains choice of content and style. ...exemplars of a genre exhibit various patterns of similarity in terms of structure, style, content and intended audience." (Swales 1990: 58 下線部筆者)「ジャンルとはある種のコミュニケーションを使ったできごと (event) の集合体で、その構成員はコミュニケーションの目的を共有している。」また「ディスコースコミュニティーの専門家によってその目的が認識されており」「図式化されたディスコースが形成されている。」つまり「構成、スタイル、内容などで規範的なパターン」が示されるわけである。

この前の部分で文学や言語学の分野が例として挙げられたことを見ても、ここでコミュニケーションの場として念頭に置かれていたジャンルは、主にアカデミックな分野と考えて良いだろう。あるジャンルでその分野の目的を遂行するために行うコミュニケーションの手段としての言語、この教育方法や教育内容に関わるESPは、Swales (1990) の記述によると以上のようにEnglish for Academic Purposes (EAP) を含む広い概念であることが分かる。

小山由紀江

ESP の概念自体は Swales がジャンルについて論じる前からあったものであるが、それは Hutchinson and Waters (1987: 19) による ESP の以下の説明のようにより一般的な概念であった。"ESP is an approach to language teaching in which all decisions as to content and method are based on the learner's reason for learning." ここでは ESP とは内容と方法がすべて、学習者が何故英語を学ぶのかというその理由に基づいて決定される言語教育のアプローチ（教育方法）のことを指す、と説明されている。「学習者が学習する理由」とは換言すれば何故英語を学習するのかという学習者のニーズのことであり、これに基づいて内容 (what) と方法 (how) が決められる。すなわち学習者のニーズが ESP の出発点である。

　それでは、ESP のより明確な定義について見てみよう。まず ESP の定義を「絶対的 (absolute)」定義と「可変的 (variable)」定義とに明確に分けた Strevens (1988) の議論を概観し、さらにその分け方を踏襲しつつより精確な定義付けを目指した Dudley-Evans and St. John (1998: 4–5) の定義を検討する。この「絶対的特質」(absolute characteristics) とはいわゆる ESP の必要条件のようなものであり、後者の「可変的特質」(variable characteristics) は場合によりこういうものもあるという第二義的な定義付けと言ってよいものである。

Strevens (1988: 1–2) による定義 (Gatehouse 2001 参照)

Absolute characteristics:

ESP consists of English language teaching which is:

1) designed to meet specified needs of the learner;
2) related in content (i. e. in its themes and topics) to particular disciplines, occupations and activities;
3) centred on the language appropriate to those activities in syntax, lexis, discourse, semantics, etc., and analysis of this discourse;
4) in contrast with General English.

ここでESPの「絶対的特質」として挙げられているのは「学習者のニーズに合致していること」「特定の専門分野、職業、活動の内容に関連していること」「言語的かつ談話的にこれらの (特殊な) 活動にふさわしいこと」「一般英語とは対照的」という4点である。

Variable characteristics:
ESP may be, but is not necessarily:
1) restricted as to the language skills to be learned (e. g. reading only);
2) not taught according to any pre-ordained methodology

Strevensは、「可変的な特質」としては「必要なスキルに制限されることもある」「前もって決められた方法で教えない」という2点だけを挙げている。

Dudley-Evans and St. John (1998: 4–5) による定義
Absolute Characteristics
1) ESP is defined to meet specific needs of the learner
2) ESP makes use of underlying methodology and activities of the discipline it serves

ESP is centered on the language (grammar, lexis, register), skills, discourse and genres appropriate to these activities.

一方、Dudley-Evans and St. John (1998) の定義を一見して気付く違いはESPの「絶対的な特質」が、「ニーズに合致していること」と「その分野の方法論と活動を利用する」の2項目に限定されている点である。そしてStrevens (1988) にはあった In contrast with general English という項目が無くなっている。

Variable Characteristics
1) ESP may be related to or designed for specific disciplines

2) ESP may use, in specific teaching situations, a different methodology from that of general English

3) ESP is likely to be designed adult learners, either at a tertiary level institution or in a professional work situation. It could, however, be for learners at secondary school level

4) ESP is generally designed for intermediate or advanced students. Most ESP courses assume some basic knowledge of the language systems

　また「可変的特質」は定義の補足的な部分であるため、「…してもよい (may)」や「のようである (is likely to)」というやや曖昧な表現を使って説明されている。そして Strevens (1988) にはあった In contrast with general English という項目が「絶対的特質」からは姿を消し、代わりに「可変的な特質」の 2)「特定の状況では general English と異なる方式をとってもよい」という個所で一般英語が言及されている。ここでは ESP が English for General Purposes (EGP) の明示的な対立概念として使われているわけではないが、この点を除けば、「絶対的特質」としては第一義的に「学習者の特定のニーズに合致していること」が挙げられ、その他の内容も Strevens (1988) で示されたものとほぼ一致している。どちらも、「当該分野の方法論や活動を活用し、これらの活動に適切な言語 (文法、語彙、レジスター等) を専ら対象とすること」が ESP の「絶対的特質」と説明されている点ではほぼ同じことを言っていると考えて良いだろう。

　ESP の「可変的特質」については、Dudley-Evans and St. John (1998) は、may be related とか may use のように「特定の分野に関連しているかいないか」「EGP と異なる教え方をするかしないか」という点についてはあいまいさを許容する記述になっている。3) についても「高等教育か職場における成人の学習者を対象としているようである (be likely to)」という表現を使い、その後で、「中学高校のレベルでも良い」との加筆もある。しかし、対象は通常「中級か上級の学習者」であり、「その言語のシステムについて基本的な知識があることを前提とする」ことが記されている。

　このように対象者を明らかにしたという点で、Dudley-Evans and St. John

(1998) は Strevens (1988) に比べ一歩踏み込んだ定義を行ったと言えるだろう。

1.2. ESP と EGP

以上で述べたように、言わば Strevens (1988) の修正版として10年後に出版された Dudley-Evans and St. John (1998) の定義を基に考えると、ESP と EGP の違いは限りなく小さく曖昧なものになってくる。この定義からすれば EGP の対象者は小学生までの小さい子供か、それまで英語を学習したことの無い初学者ということになり、その他の学習者を対象とする英語教育はすべて ESP の定義から外れてはいないことになる。Anthony (1997) が指摘しているが、このように ESP と EGP の境目は実際極めて不明確なものであり、厳密に線を引くことはできない。

ESP と EGP の区別は、授業の場面を考えてみると多少分かりやすい。ESP の第一義的な特質は上記のように特定領域のニーズに基づいていること、つまり特定領域の構成員のニーズ分析がまず行わなければならないという点である。従ってそのニーズに基づき授業の内容も目標も変わってくる。例えば工学部の大学院生は研究を進めるために大量の英語論文を読まなくてはならず、専門論文のリーディングが第一のニーズである (清水・小山 2001)。そのような学生を対象とする授業では「専門論文を読むこと」がそのゴールとなるため、リスニング、スピーキング、ライティング等のスキル習得は授業の主要な内容にはならず、また読む対象も新聞記事や小説ではなく、学生の専門分野に近い論文ということになる。また論文の内容を正確に理解するために専門語彙の学習も取り入れられる。このような観点からすると大学等の教育機関における ESP は専門性という意味では ESP、しかし大学という場で必要とする英語という意味では English for Academic Purposes (EAP) とも言える。またその場合、EAP と言っても医学部、薬学部など、専門分野により必要な英語の内容やスキルが異なるため、当然、それぞれの専門分野ごとに EAP の内容や方式も異なったものとなる。

他方、ニーズ分析による明確なニーズが ESP の土台であるならば、

EGPはそのニーズが明確でない英語教育を示すと考えられる。例えば、中学校の英語授業を考えてみよう。ここでは通常内容も一般的なもので多岐にわたり、英語力の基礎として4技能を偏りなく高め、全般的なコミュニケーション能力を身に付けることが目標となる。もちろん昨今は、教育界や出版社によって、中学や高校の英語教育に関しても学習者のニーズについて一定の調査研究は行われている。しかし、大多数の場合学習者の多様性の故に、最も平均的なニーズに基づいた、一般的目標を掲げることになる。この様な場で行われる英語教育は通常EGPと言って差しつかえないだろう。

1.3. ESPとEAP
1.3.1. ESPとEAPの関係

　大学教育においては学部の専門性によって英語教育の目標が異なり、それによって内容と方法が異なることは前節で触れたが、ここでEAPの意味について少し述べておくことにしよう。EAPとは文字通り「学術的な能力の伸長を目的とする英語（の教育）」のことであり、ESPがある種の専門家が関わる専門分野の英語をターゲットとするのに対し、EAPは大学等の教育機関で使う英語全般をターゲットとする。しかし、学習者のニーズに合致した内容・方法を採択するという意味で広義のESPに含まれるということは、前述の工学部の英語教育の例において説明した通りである。

　Gillett (1996)はESPと比較対照しながらEAPについて次のように述べている。EAPでは(ESPは「専門分野の目的のために英語を使うこと」がニーズであるのに対し)アカデミックな分野で成功することを目的に学生は英語を学ぶ。即ち、入学した大学や大学院で適切に単位を取り論文を書いて学位を取ることを(この段階での)最終目的として、それを可能にするための手段として学ぶのがEAPである。ESPの場合は対象が通常（子供ではなく）成人であってEAPでは18歳以上の学生であるという点や、大学のコースによってはそれ程高い英語力を必要としない場合もある等、細かい違いはあるが、EAPもESPも学習者のニーズに基づい

てスキルやレベルを含めた学習内容を決め、学習の方法を決めて行くという点は同様である。この意味で EAP は ESP の一部と言うことができるだろう。

　学生が大学等でアカデミックな経歴を全うすることが EAP の目的であるならば、単位取得にしばしば大きく関わる専門書を読み、理解した内容に基づいてレポートや論文を書く方法を学ぶことは EAP の最も重要な部分をなすと言えよう。従って、アカデミックな場において適切なリーディングの手法やライティングのスタイルを修得することは学生の大きなニーズである。

1.3.2.　ジャンル分析

　Swales (1990) がライティングのスタイルに関係して提唱したのが CARS モデルである。CARS は Create a Research Space の略であるが、このモデルでは学術論文のイントロダクション部分について「ムーブ (Move)」と「ステップ (Step)」という名前を付け論述の流れを分析した。次の図 1 に示すようにムーブは大きな流れを、ステップはより詳細な流れを指している。イントロダクションを分析し、論述の展開の特徴をまとめたものでこれは、Move1: Establishing a territory, Move2: Establishing a niche, Move3: Occupying the niche という Move1 から Move3 への一連の流れと捉えられている。Move1 では当該研究分野の一般的な位置づけや意義について述べ、Move2 ではこの分野内での解決されていない問題について述べ Move3 ではこの研究のその分野における意義についてより広い視点から述べることによって、研究的な価値を示す。

　この CARS モデルは、EAP のライティングに論述の流れと言うマクロな視点を取り入れることによって、ジャンル分析の手法に有益な示唆を与えるものであった。

```
CARS Model
Move 1    Establishing a territory
          Step 1    Claiming centrality
          Step 2    Making topic generalization(s)
          Step 3    Reviewing items of previous research
Move 2    Establishing a niche
          Step 1A   Counter-claiming
          Step 1B   Indicating a gap
          Step 1C   Question-raising
          Step 1D   Continuing a tradition
Move 3    Occupying the niche
          Step 1A   Outlining purposes
          Step 1B   Announcing present research
          Step 2    Announcing principal findings
          Step 3    Indicating RA structure
```

図 1. Swales の CARS モデル

このように EAP はスキルによって特定のアプローチが考えられ、リスニング（講義のノート取り、音声の特徴等）、リーディング（テキストの効率的な理解等）、スピーキング（グループワークでのディスカッション、プレゼンテーションの発表等）それぞれに適切な内容や方法があるが、すべて初めにニーズの分析があるという意味では ESP と違いはない。

1.3.3.　EAP と言語環境

しかし、EAP と言っても ESL や EFL など言語環境により大きな違いがあり、各々の環境によって異なる方法や内容が考えられることは言うまでもない。例えば Dudley-Evans and St. John (1998) は EAP の言語環境として 4 つのタイプを挙げている。

①イギリスやアメリカの様な英語を母語とする国
②インドやフィリピンの様な、英語が公用語になっていて教育も広く英語で行われている ESL 環境の国

③医学、工学、理学などは英語で教育されるが、他の科目やレベルは母国語で教育される国

④全ての科目が母国語で教育されるが、英語は重要とされる国

の4つである。①のような英語圏の国で留学生として勉強する場合に必要な英語と④のように日常的には英語を必要としない状況で限定的に英語を使用する場合のEAPが自ずと異なることは容易に理解できる。EAPと言えば①の様な英語圏の大学(院)でいかに学業を遂行するかというタイプのものを想起しがちであるが、以上のように異なる言語環境下にある学習者のニーズは状況により異なり、教員は教育方法や教育内容の選定を自分が教えている言語環境を正確に把握することから始めなくてはならない。

1.3.4. ESP の分類

さらに ESP の下位概念としては EAP の他に職業としての英語を対象とする English for Occupational Purposes (EOP) がある。EOP はさらに English for Professional Purposes (EPP) (専門的職業のための英語) や English for Vocational Purposes (EVP) (職業訓練のための英語) に分類される。また EAP はさらに学術的な分野に応じて English for Science & Technology (EST) や English for Academic Medical Purposes (EMP)、English for Academic Legal Purposes (ELP) 等に分類される (図2参照：図2はDudley-Evans and St. John

ESP			
	EAP	EST	Science & Technology
		EMP	Academic Medical Purposes
		ELP	Academic Legal Purposes
	EOP	EPP(EMP, ELP)	Professional Purposes
		EVP	Vocational Purposes

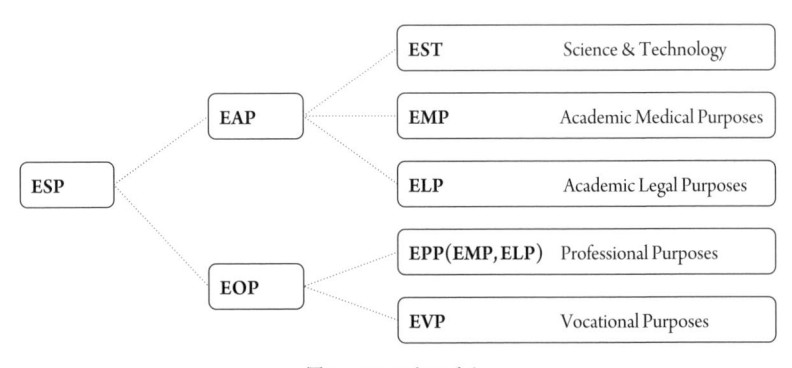

図 2. ESP のカテゴリー

(1998: 6) の Figure 1.2 を基に改変したものである)。

　以上、ESP のいくつかの定義について述べてきたが、これらを総合的に考えると EAP は ESP の一種としてその中に含まれるものであり、EGP は EAP に進む前の基礎的な言語知識やスキルを身に付ける段階と考えられる。これを図示すると図 3 のようになる。

ESP
English for Occupational Purposes (職業目的の英語)

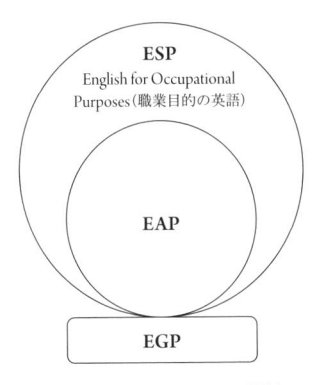

EAP

EGP

図 3.　ESP/EAP と EGP の関係

1.4.　ニーズ分析

　本節では、ニーズ分析が ESP の出発点であり ESP の第一の特徴であることを繰り返し述べてきた。ではニーズ分析では何をどう分析すれば良いのか触れておくことにする。

　Long (2005) は、自らの研究で得た知見に基づいてニーズ分析の 5 つの情報源を挙げている。Published and unpublished literature (企業や政府や教育の機関が持つ公開非公開の文書)、Learners (学習者)、Applied linguists (応用言語学者)、Domain experts (当該分野の専門家) の 4 つについて説明した後、1 番目の Published and unpublished literature は職場の様々なスタンダードに関する記述など十分な情報を提供してくれるが、2 番目以下の学習者など他の情報源はそれぞれが単独では正確な信頼すべき情報源とはなり得ないことを指摘する。そして、最後に Triangulated sources を紹介する。これは、例えば学習者、教員、文書と複数の情報源を対象にニーズ分析を行うことで、これによってより正確な分析が可能になると

説明されている (Long 2005: 25–30)。

　ではニーズ分析で得るべき情報とは何か。Dudley-Evans and St. John (1998: 125) では ESP のニーズ分析で得る情報として以下の 8 つが挙げられている。

　　1) 学習者に関する専門家の情報 (ターゲットの状況分析と客観的ニーズ)
　　2) 学習者に関する個人的な情報 (やりたいこと、主観的ニーズ)
　　3) 学習者に関する英語の情報 (現状分析)
　　4) 学習者の欠けている能力に関する情報 (1) と 3) のギャップ)
　　5) 言語学習に関する情報 (学習のニーズ)
　　6) 学習者に関する情報についての専門家のコミュニケーション情報 (言語分析、ディスコース分析、ジャンル分析)
　　7) 学習者がその英語コースから得たいことについての情報
　　8) コースが運営される環境についての情報

　そして、これらの情報を得る目的は、学習者を「人として、言語の使用者として、言語の学習者として知る」こと、そして「その人々にとって言語学習がどうしたら最大限にうまくいくかを知る」こと、「我々がデータを適切に解釈した場合の学習環境を知る」ことである。("The aim is to know learners as people, as language users and as language learners; to know how language learning and skills learning can be maximized for a given learner groups; and finally to know that target situations are learning environment such that we can interpret the data appropriately." (Dudley Evans and St. John 1998: 126))

　このような目的のために行うニーズ分析の方法としては、面接、質問紙法、エスノグラフィック法、観察法、日記の記述法、内容分析、ディスコース分析、ジャンル分析等が代表的なものである (Long 2005: 31)。

　そして、ディスコース分析やジャンル分析の対象となるのは ESP との関連では、各専門分野で使用されるテキスト (専門分野の論文・書籍等の文書、ノート、メモ、会話の記録等) であるが、近年コーパスの構

築とその分析によって得られる知見がこのテキスト分析の主要な部分を担うようになった。客観的かつ揺るぎのない情報源として、コーパスはESPの出発点であるニーズ分析の重要な材料である。

1.5. 主要な ESP/EAP コーパス

ESPとEAPは理論的にも重複する部分があり、またコーパスの種類という観点から見てもBritish National Corpus (BNC) のような汎用大型コーパスは全体ではgeneral corpusであるが、どのサブコーパスを分析対象とするかによってESP/EAPのどちらにも適用できる。また他方、Professional English Research Consortium Corpus (PERC) は科学技術の学術論文を集めたコーパスであり、科学技術に分野が限定されているという意味ではESPのコーパスと考えられる。しかし学術論文を集めたという意味ではEAPを目的に使用することもできる。このように、1つのコーパスが使い方によって、ある場合にはESPの目的で使用されたり、他の場合にはEAPの目的で使用される。従って、本節ではESP/EAPの両者を区別せずに各コーパスの概要を説明することにする。

ESP/EAPコーパスと言っても、前掲のBNCやCOCA (後述) のような総語数が1億語を超える大規模汎用コーパスのサブコーパスもあれば、個々の研究者が作成した数万語から100万語程度の小規模コーパスもある。Kennedy も "it is assumed that in normal circumstances a purpose-built corpus for particular research is likely to be on a relatively small, finite scale" (Kennedy 1998: 71) と述べているように、ある特定の目的のために作成したコーパスの場合、小規模コーパスでもその分野のテキストを代表するコーパスとしての機能を果たすとみなしてよいだろう。このような小規模コーパスは研究の目的により数多く世界中で作成され、これまで各分野で様々な研究成果をもたらしてきたが、本章では以下、インターネットでアクセスできる公開されたコーパスの代表的なものに限ってアルファベット順に紹介する。

1) BASE (British Academic Spoken English)

　2000年から2005年にかけて行われたプロジェクトにより作られたコーパス。160の講義をspokenデータとして集めた。Warwick大学ではビデオ撮影により、Reading大学では音声の録音による。総語数は約164万語である。

　http://www2.warwick.ac.uk/fac/soc/al/research/collect/base/

2) BAWE (British Academic Written English)

　2004年から2007年にかけてWarwick、Reading等の大学が協力して多様な分野の学生から2761篇（各500語～5000語）のペーパーを集め、それぞれ評価したものを収録した。

　http://www2.warwick.ac.uk/fac/soc/al/research/collect/bawe/

3) BNC (British National Corpus)

　総語数約1億語の汎用コーパスであり、実際に収録したのは1980年代から1993年までのイギリス英語である。90％がwritten、10％がspokenデータである。このwrittenの部分で、アカデミックなセクションのみを使うことができる。自然科学が280万語、応用科学が550万語、社会科学が1100万語から成る。小学館コーパスネットワークでも提供している。

　http://www.natcorp.ox.ac.uk/　有料

4) COCA (The Corpus of Contemporary American English)

　アメリカ最大の汎用コーパス。1990年から2012年のデータを収録し、総語数は4億5千万語で、Brigham Young大学で構築されている。サブコーパスとしては、スポークン、フィクション、ポピュラー雑誌、新聞、学術論文がある。この各ジャンルからそれぞれ同じ分量を収録した。またこれらのリソースの詳細リストをダウンロードできる。リストを取り出す等の検索ツールが付属している。

　http://corpus.byu.edu/coca/

5) JSCC (The John Swales Conference Corpus)

　John Swales に敬意を払い Michigan 大学で開催された the English Language Institute 主催の学会で行われた講演や Q＆A セッションの spoken データを収集したもの。全体で約 10 万語。

　http://jscc.elicorpora.info/

6) MICASE (Michigan Corpus of Academic Spoken English)

　152 の spoken データから成る総語数 180 万語のコーパス。講義、授業でのディスカッション、セミナーなどでの発話を収録している。検索ツールが付属している。

　http://quod.lib.umich.edu/m/micase/

7) MICUSP (Michigan Corpus of Upper-Level Student Papers)

　成績でグレード A を取った Michigan 大学の学生のペーパー 830 篇を収集したコーパス。総語数は 260 万語で、人文、芸術、社会科学、生物健康科学、物理の分野をカバーしている。これも MICASE 同様、検索ツールが用意されている。

　http://micusp.elicorpora.info/

8) PERC (Professional English Research Consortium Corpus)

　小学館コーパスネットワークのプロジェクトの一環として、医学、生物、物理、数学、化学など、科学技術・理工学 22 分野の学術論文を収集したコーパス。科学技術に特化したアカデミックな論文のコーパスとしては大規模なもので総語数は 1700 万語。現在のところ無料で公開されている。検索ツールもコンコーダンサーのみならず共起、品詞検索などが用意されている。

　http://scn.jkn21.com/~perc04/cgi-bin/login1.cgi

2. ESP/EAP コーパスの具体的な教育への利用方法と効果

2.1. 直接利用と間接利用

ESP と EAP コーパスの概要については前述の通りであるが、本章ではそれらが具体的にどのような形で教育的に利用されているのか、その点について論じる。

まずコーパスの教育的利用について Leech (1997) は、コーパスの直接的利用と間接的利用、そして教育目的でのコーパスの構築と 3 つの部分

表 1. ESP/EAP コーパス一覧表 (W: written, S: spoken)

タイトル	総語数（万）	タイプ	分野	コーパスの使用	付属ツールの有無
BASE British Academic Spoken English	164	S	不明	可(無料)	有り
BAWE British Academic Written English	650	W	人文、芸術、社会科学、生命科学、物理	可(無料)	有り
BNC British National Corpus	10000 1930	W	汎用 (学術部分)	可(有料)	有り
COCA The Corpus of Contemporary American English	45000 9100	WS	汎用 (学術部分)	可(無料)	有り
JSCC The John Swales Conference Corpus	10	S	学術	可(無料)	無し
MICASE Michigan Corpus of Academic Spoken English	180	S	学術	可(有料)	有り
MICUSP Michigan Corpus of Upper-Level Student Papers	260	W	人文、芸術、社会科学、生物健康科学、物理	可(無料)	有り
PERC Professional English Research Consortium Corpus	1700	W	医療、生物、物理、数学、化学	可(無料)	有り

小山由紀江

に分けて考えている。これらについては第 1 章で詳述されているが、本章の ESP/EAP コーパスの利用にも関わるので、ここでは簡単に触れておくことにしよう。

　直接的利用とは、コーパス言語学そのものについて教えたり、学生が各々の目的に基づいて実際にコーパスを使えるように使い方の指導をしたり、言語や言語学を教える時にコーパスを使用した方法を用いることを指す。いわゆる Data-Driven Learning (DDL) もこの範疇に入ると言えよう。

　他方、間接的利用とは教える内容の選定にコーパスを用いる。例えば、コーパス分析を基に学習語彙リストや教材を作成したり、言語テストを開発することがこれに含まれる。また第 3 番目の分野として挙げられるのが教育を目的とするコーパスの構築であり、学習者コーパスや ESP コーパスの構築がこれに当たる (McEnery and Xiao 2011)。

2.2.　EAP コーパスの教育への直接的利用

　EAP コーパスの直接利用を通した英語教育について Lee and Swales (2006) は次のような実践とその結果に関する考察を行っている。その手順は以下の通りである。

　まず、EAP コーパスを与えられワークシートによって語彙や文法パターンなどの探索の仕方等コーパスとツールの使い方を把握したのち、自分の書いた英文と専門論文から取った英文の 2 種類のコーパスを作る。これらの 2 つを比較して専門家の英文を自分の英語に反映させ修正を加える。授業の最後にこの授業を通してコーパスの使用が学習者の英語修得にどのように関連したかを授業でプレゼンテーションさせるという方法である。使用した既成のコーパスは

1) Hyland's Research Article Corpus
2) MICASE, the Michigan Corpus of Academic Spoken English
3) Academic texts from the British National Corpus (BNC)

の3種類で、これらの分析に使用したツールはWordsmith Toolsである。この研究では学習者からのフィードバックとして「コーパスの使用は実際の英文に接することができるため学習者が自信を持てるようになる」「文法書や参考書よりコーパスの方が自分の専門の例文にアクセスできるため役に立つ」等のコメントが寄せられ、コーパス使用は一定の効果があったと結論されている。

2.3. EAP/ESP コーパスの間接的利用 ―学習語彙・語句のリスト

コーパスを分析して学習語彙のリストを作成する研究は数多く行われてきた。中でも EAP コーパスの教育的な応用の代表的なものとして、Coxhead (2000) の Academic Word List (AWL) がある。AWL は芸術、商学、法学、科学の4分野の学術論文や専門書のコーパスを分析して570のワードファミリーを抽出したリストであり、高等教育で使用する語彙のリストとしてスタンダードとして広く使用されている。しかし石川・小山 (2007) が指摘するように専門分野が限定されているため、科学技術関連分野のテキストでは AWL のカバー率は低い。そこで石川・小山 (2007) は機械、電気、土木の学術論文コーパスに共通に出現する語彙を抽出し基礎語彙を除いて、科学技術分野のアカデミックリストとも言うべき EGST (English for General Science & Technology) リストを作成した。このリストは fig, temperature, flow, obtain 等、約1400語から構成されている。また科学技術関連では青山 (2006) は、イギリスの中高生向けの数学・科学関連のコーパス約150万語を用いてより一般的な科学技術に関連する学習語彙リスト3300語を作成、これをもとに web base のテストも作成公開された。さらに、ビジネス分野では中條他 (2007) によって BNC の spoken, written 両方のビジネスコーパスを使った特徴語彙の抽出と、その最適な分析手法 (対数尤度比によるジェネラルコーパスとの比較に) が示された。抽出結果を120語ずつ3ステップにして学習する e-learning も提案されている。

また ESP/EAP では語彙レベルに留まらず、ESP/EAP のある分野に特徴的なコロケーションやフレーズのリスト化を試みる研究も近年増えて

いる。英語学習者にとって Multi-Word Expression (MWE) に総称される頻繁に出現する特定の「複数の語の塊り (cluster)」を理解し適切に使用できるようになることは、自然でかつ正確な英語表現につながる重要な要素である。しかし、MWE には carry out のような句動詞、kick the bucket のような元の意味とは全く異なる意味に変化したイディオム、on the other hand のような慣用句など多種多様な語句が含まれ、しかも carry it out のように不連続の場合もあるため、コーパスからの抽出は単語単位の語彙抽出に比べ、技術的により複雑な手順が必要である。

　ここではまず特徴語句の抽出として連続した n 語の塊りを抽出する n-gram の研究について述べる。Ken Hyland は n-gram を使った手法で代表的な研究者であるが、Hyland (2008) において 4 分野のアカデミックコーパスからそれぞれに特徴的な単語連鎖 (lexical bundle) を抽出した。この研究では応用言語学、電気工学、生物、ビジネスの各分野の学術論文コーパス (総語数 340 万語) から 4-gram を抽出し各分野の上位 50 を比較したところ、他の最低 1 分野と重複するものをとっても全体の半分の 25 以下であった。4 分野すべてから共通に抽出された 4-gram は on the other hand, in the case of, as well as the, at the same time, the results of the の 5 つのみであり、この結果から専門分野のライティングでは、頻繁に使用される語句は分野によって異なる傾向にあることが明らかとなった。

　また n-gram のような単語連鎖ではなく、ある分野に特徴的な不連続な MWE を抽出する試みもされている。(田中・小山 2010) ここでは、構文情報に基づいて科学技術英語論文コーパスの特徴語句が高校の英語教科書コーパスとの対比で抽出され、工学部の学生が英語の専門論文の読み書きのために習得すべき語句が提示されている。

2.4.　ESP コーパスの教育への応用と効果

　Data Driven Learning (DDL) は広義に使われるが、コーパスの利用との関連では Johns (1991) が言う "learner-as-researcher" (リサーチャーとしての学習者) の考え方が主流であろう。即ち学習者自らが自らの言語的課題を自覚し、コーパスのコンコーダンスラインから各々の言語的課題を帰

納法的に解決していくというボトムアップの方式である。これに対しChambers (2005) はコーパスを英語、フランス語、スペイン語など異なる言語の学習活動に帰納的・演繹的両方の観点から使用し、コーパスの使用がとりわけ自律学習と発見学習として効果的であったことを指摘している。しかし、このような自律的学習形態は上級学習者でないと難しいことも指摘されている。他方 Kennedy and Miceli (2010) はライティングの授業で、中級者を対象に限定的に文法の問題を解決する手段としてコーパスを用いることを提案した。このようにコーパスをライティングの教育に応用する例は多く、個人差、レベル差はあるもののコーパス使用がライティング力の向上に効果的であるとの評価が中心的である (Chambers and O'Sullivan 2004, Cresswell 2007, Gillmore 2008, Kennedy and Miceli 2010)。

一方で、Braun (2005) や Flowerdew (2009) は、コーパスのコンコーダンスラインを学習者が使用し直接的に学習する方法は、そのままでは教育的意味が低いと批判的な見方をしている。Braun (2005) はコーパスの使用に際しては、データ確認 (authentication) のプロセスで学習者と教員をガイドする何らかの教育的な仲介 (media) が必要だとしている。そして大規模コーパスをそのまま使うのではなく、それぞれの状況に適した内容の適切なサイズのコーパスを構築し、それを目的に応じて使用することがその仲介としての役割を果たすことになると提唱し、小規模な English Interview Corpus (ELISA) を構築した実践例を紹介している。

また Flowerdew (2009) は、コーパス言語学の教育 (特に ESP) への応用についてこれまでの議論を批判的に以下の4つに集約し、関連した諸研究をレビューしている。

> 1) Corpus linguistic techniques encourage a more bottom-up rather than top-down processing of text in which truncated concordance lines are examined atomistically.（コーパス言語学ではトップダウンではなく、不完全なコンコーダンスラインに基づいてボトムアッププロセスを奨励する。）
>
> 2) Corpus data are decontextualised and, for this reason, may not be directly

transferable to students' own context of writing.(コーパスのデータは文脈性がない。)

3) Corpus-based learning is usually associated with an inductive approach to learning, in which rules, or indeed patterns, are derived from multiple examples, rather than a rule-based deductive approach. This approach might not be the most appropriate choice for some students.(コーパスに基づいた学習は帰納法的なアプローチになるが、学生によってはこれが最も適切な方法とは限らない。)

4) There are different types of corpora (general, specialized, learner) and different types of online resources (dictionaries, grammars). Students may have difficulty in selecting the most appropriate corpus and resource for a particular query.(コーパスもオンラインリソースも多様なものがあるので、どれを選ぶか困難。)

その上で、最近の研究ではディスコースに基づいた、トップダウンアプローチによる分析がより多く行われる傾向にあり、コンコーダンスラインを見るにとどまらず分析の対象が Sinclair (2004) の「意味ユニット ('a unit of meaning')」にまで拡張してきたことを指摘している。コーパスデータと文脈との関連性を教育にどう適用するかという問題は今後の課題として残るが、これについても文脈情報を付したコーパス等によって解決されていく可能性がある。

一方、Csomay and Petrovi (2012) は ESP の法律用語を例として、法律に関連したテレビのショーや映画のコーパスを使用することが専門語彙の習得に役立つと述べている。

2.5. コーパスと e-learning

最後に、コーパスの英語学習への応用として e-learning ツールについて述べる。前述の青山 (2006) 中條他 (2007) のように、コーパスの分析結果に基づいて語彙学習を e-learning 教材にまで応用した例はあるが、Koyama et al. (2003) はコーパスからの web テスト問題の自動生成を実現し

たものである。科学技術コーパスの分析結果に基づき過去分詞による後置修飾の重要性が明らかとなったため、構文解析によってこの文構造を含む文章を抽出して自動的に問題文を生成した。タスクは、文構造を理解しているかどうかをチェックするために「主動詞を選ぶ」というものであり、218 人の学生によって 5,868 種類の問題が延べ約 37,000 題解答された。しかし、問題文の難易度や長さをコントロールせず、学術論文を含むコーパスの文章をそのまま使用したため、学習者によっては英語力のレベルに必ずしも合致していない問題が出題されることになった。これは DDL が抱えたコーパスの問題点と共通である。

　Miyazaki et al. (2011) は、ライティングのプロセスそのものをサポートするツールを開発した。これは科学技術論文コーパスの分析結果を応用したもので、工学部の大学院生等、その分野の研究を始めた学習者をサポートする。書こうとする英文を入力すると MWE を含む使用語彙・語句に基づきコサイン類似度を計算し、その入力文に類似した英文を選択したコーパスから抽出して提示してくれるシステムである。使用者はコーパスから提示される文章を参考に自分の文章を書きなおしていく。入力する英文は未完成のものでも構わない。さらに入力文の中で使用された語彙の同義語が候補として示され、そこから書こうとする内容により適切なものを選択することができる。さらに、コーパスの応用においてこれまで常に問題とされてきた authentic な文章の構造的難解さ複雑さを解消するために、n-gram クラスタリングによって多く出現した文字列をひとまとまりにし、文章全体の構造を分かりやすくして提示する機能も備えている。Koyama et al. (2012) の評価実験では、使用時間が短すぎたためこのツールを使用した場合としない場合の明確な差は見られなかったが、実験方法を改善の上、再評価をすることが必要であろう。コーパスの分析結果を応用しつつコーパスから検索した文章を使用して科学技術学術論文のライティングを支援するこのような e-learning ツールは能動的自律的学習者の育成に資するコーパス応用の 1 つと言える。

　コーパスの教育的応用としてはその他、テスト作成、教員研修などへのコーパス利用がある。前者では UCLES などコーパスの分析結果に基

づいて、テストに用いる文章をコーパスから抜粋して使用したり、テスト作成にコーパスから得られる知見を用いることも多くなっている。またコーパス内の語彙の難易度や構文の複雑さを勘案することによりテストのレベルを適切なものにできる。さらにライティングの評価の基準作成にコーパス分析の結果を応用したり、リーディングや語彙テストでは目的に合致した分野のコーパスを使用することで、テストの妥当性を高めることにつなげる等、テスト開発にコーパスを利用する傾向は今後も進むことが予測される (Boyle and Booth 2000, Hawkey and Barker 2004, Barker 2006)。

3. おわりに

　以上、本章では ESP/EAP コーパスに関して、その理論的背景、現在使用されている ESP/EAP コーパスの概要、そして教育への応用について述べた。今後、例えば科学技術系の学術論文であればイントロダクション、実験手順、結果とディスカッション等、ディスコースや文脈性を考慮したコーパスの構築方法と分析方法を取り入れることによって、ESP にさらにより多くの知見がもたらされることが予想される。また ESP/EAP コーパスの教育への応用については、専門分野の英語のニーズも高く高等教育や職場における英語教育のカリキュラムデザインや評価、あるいは教員を含め職場での研修へのコーパス導入、テストへの応用や e-learning の開発等、今後も多くの場で多様な研究と実践が進んでいくだろう。これらの研究成果からコーパス利用の新たな地平が広がることが期待される。

参考文献

Anthony, Laurence. (1997) English for Specific Purposes: What does it mean? Why is it different?
　　http://www.antlab.sci.waseda.ac.jp/abstracts/ESParticle.html Retrieved September 10, 2012
青山晶子 (2006)「COCET 3300 の開発と授業における実践」『富山工業高等専門学校紀要』
　　40: 15–24.

Barker, Fiona. (2006) Corpora and Language Assessment: Trends and Prospects. *Cambridge ESOL ResearchNotes 26*: 2–4.

Bhatia, Vilay. K. (1993) *Analysing Genre: Language Use in Professional Settings*. London: Longman.

Boyle, Andrew and Diana Booth. (2000). The UCLES/CUP Learner Corpus. *Cambridge ESOL Research Notes 1*, p10.

Braun, Sabine. (2005) From Pedagogically Relevant Corpora to Authentic Language Learning Contents. *ReCALL* 17 (1): 47–64.

Chambers, Angela. (2005) Integrating Corpus Consultation in Language Studies. *Language Learning & Technology* 9 (2): 111–125.

Chambers, Angela and Ide O'Sullivan. (2004) Corpus Consultation and Advanced Learners' Writing Skills in French. *ReCALL* 16 (1): 158–172.

中條清美・キャサリンオヒガン・西垣千佳子・内山将夫・中村隆宏 (2007)「BNC ビジネス語彙の抽出と e-learning 教材の作成」『日本大学生産工学部研究報告 B』40: 1–12.

Coxhead, Averil. (2000) A New Academic Word List. *TESOL Quarterly* 34 (2): 213–238.

Cresswell, Andy. (2007) Getting to' Know' Connectors? Evaluating Data-driven Learning in A Writing Skills Course. Hidalgo Encarnacion, Luis Quereda and Santana Juan. (eds.) *Corpora in the Foreign Language Classroom*, pp267–287. Amsterdam, Netherlands: Rodopi.

Csomay, Eniko and Marija Petrovi. (2012) "Yes, Your Honor!": A Corpus-Based Study of Technical Vocabulary in discipline-related movies and TV shows, *System* 40 (2): 305–315.

Dudley-Evans, Tony and Maggie St. John. (1998) *Developments in ESP: A Multi-disciplinary Approach*. Cambridge: Cambridge University Press.

Flowerdew, Lynne. (2009) Applying Corpus Linguistics to Pedagogy: A Critical Evaluation, *International Journal of Corpus Linguistics* 14 (3): 393–417.

Gatehouse, Kristen. (2001) Key Issues in English for Specific Purposes (ESP) Curriculum Development. *The Internet TESL Journal*, Vol. VII, No. 10. http://iteslj.org/

Gillett, Andy. (1996) What is EAP? *IATEFL ESP SIG Newsletter* 6: 17–23. (updated August, 2000)

Gillmore, Alex. (2008) Using Online Corpora to Develop Students' Writing Skills, *ELT Journal*; doi: 10.1093/elt/ccn056

Hawkey, Roger and Fiona Barker. (2004) Developing a Common Scale for The Assessment of Writing, *Assessing Writing* 9 (2): 122–159.

Hutchinson, Tom and Alan Waters, A. (1987) *English for Specific Purposes: A Learning-centered Approach*. Cambridge: Cambridge University Press.

Hyland, Ken. (2008) As can be seen: Lexical bundles and disciplinary variation. *English for Specific Purposes* 27: 4–21.

石川有香・小山由紀江 (2007)「学術論文読解を目的とした指導語彙の選定」中部地区英語

教育学会『紀要』2006: 309–316.

Kennedy, Graeme D. (1998) *An Introduction to Corpus Linguistics*. Essex: Addison Wesley Longman Limited.

Kennedy, Clare and Tiziana Miceli. (2010) Corpus-assisted Creative Writing: Introducing Intermediate Italian Learners to a Corpus as a Reference Resource. *Language Learning & Technology* 14 (1) : 28–44.

Johns, Tim. (1991) Should You Be Persuaded: Two Samples of Data-driven Learning Materials. *English Language Research Journal* 4: 1–16.

Koyama, Yukie, Yoshinori Miyazaki, Shosaku Tanaka and Miho Fujieda. (2012) Development of Corpus-assisted Research Paper Writing System for Science and Technology Students, 5th Independent Learning Association Conference 2012: 33.

Koyama, Yukie, Tomofumi Nakano and Chikako Matsuura. (2003) Development of An ESP E-Learning Tool Using In-House Corpora, Proceedings of 7th International Conference on Knowledge-Based Intelligent Information & Engineering Systems (KES2003) pp.533–539.

Lee, David and John Swales. (2006) A corpus-based EAP Course for NNS Doctoral Students: Moving from Available Specialized Corpora to Self-compiled Corpora, *English for Specific Purposes* 25: 56–75.

Leech, Geoffrey. (1997) Teaching and Language Corpora: A Convergence. Ana Wichmann, Steven Fligelstone, Tony McEnery and Gerry Knowles. (eds.) *Teaching and Language Corpora*, pp.1–23. London: Longman.

Liu, Dilin. (2012) The Most Frequently-used Multi-word Constructions in Academic Written English: A Multi-corpus Study. *English for Specific Purposes* 31 (1) : 25–35.

Long, Michael. (2005) *Second Language Needs Analysis*. Cambridge: Cambridge University Press.

Miyazaki, Yoshinori, Shosaku Tanaka and Yukie Koyama. (2011) Development and Improvement of a Corpus-based Web Application to Support Writing Technical Documents in English, International Conference on Computers in Education (ICCE2011), pp263–270.

McEnery, Tony and Richard Xiao. (2011) What Corpora Can Offer in Language Teaching and Learning. Hinkel, Eli. (ed) *Handbook of Research in Second Language Teaching and Learning : Volume 2*. London: Routledge.

Sinclair, John. (2004) "The search for units of meaning". In J. McH. Sinclair (edited with R. Carter), *Trust the Text*. London: Routledge, 24–48.

Strevens, Peter. (1988) ESP After Twenty Years: A Re-appraisal. Makhan Tickoo (ed.) *ESP: State of the Art*, pp.1–13. Singapore: SEAMEO Regional Centre.

Swales, John M. (1990) *Genre Analysis: English in Academic and Research Settings*. Cambridge: Cambridge University Press.

Swales, John M. (2002) Integrated and Fragmented Worlds: EAP Materials and Corpus Linguistics. Flowerdew, John. (ed.) *Academic Discourse*, pp.150–164. London: Longman, Pearson Education.

清水裕子・小山由紀江 (2001)「工学系大学卒業生の英語ニーズ分析―質問紙調査に基づい

て―」『立命館経済学』50(4): 56–73.

田中省作・小山由紀江 (2010)「構文情報を考慮した ESP コーパスからの特徴表現の抽出」『統計数理研究所共同研究リポート』239: 13–30.

VII

コーパスと言語テスト

学習者英語の自動分析、コーパスを利用したテストやシステム

金子恵美子

1. はじめに

　電子化されたコーパスが英語教育分野に応用されるようになったのは、1970年代までさかのぼる。しかし、言語テストに活用され始めたのは90年代以降で、この分野でのコーパスの利用は比較的歴史が浅い (Barker 2006, 2010)。本章では、母語話者コーパスがどのように活用されているかに触れた後、学習者コーパスの言語テストでの活用を中心に取り上げる。具体的には、言語テストの内容妥当性への貢献、学習者のレベル記述や基準特性の裏付け、そして自動採点、エラー検索でのコーパスの利用を述べ、最後に今後のコーパスの言語テスト分野において期待される役割に言及したい。

2. 英語教育分野でのコーパス活用の歴史

　コーパスの英語教育分野での活用の歴史は、Barker (2006, 2010) に詳しい。1970年代、1980年代は母語話者コーパスが広く使用された時代で

ある。当初は母語話者の英語をまとめたコーパスを参照することで、母語話者の文法、語彙、談話特徴に関する実証的な知見が、辞書学、言語学、応用言語学分野にもたらされた。その後、1990年代になると、Bank of English や British National Corpus (BNC) などの大規模コーパスを元に、第二言語・外国語としての英語 (ESL, EFL) 教材や辞書が開発され、英語教育に直接的な影響を与えることになる。ほぼ時を同じくして、コーパスの言語テストへの応用が始まる。この頃 Cambridge ESOL が学習者の英作文データ（後に発話データも含む）の収集を開始するが、これが後に知られる、Cambridge Learner Corpus (CLC) である。CLC にはケンブリッジの一般英語試験のデータ、データ提供者のメタ・データ（性別、年齢、母語）、リーディング、リスニング、スピーキングテストスコアに基づく彼らの英語運用能力の情報も含まれている (Hawkins and Buttery 2010; Hawkins and Filipović 2012)。また 2000 年代になると、Educational Testing Services (ETS) がアメリカの大学環境で遭遇する可能性の高い英語表現を集めたコーパス、TOEFL 2000 Spoken and Written Academic Language Corpus (T2K-SWAL) を作成し、Test of English as a Foreign Language (TOEFL) 2000 の開発や、その後の研究に利用している (Biber *et al.* 2004; Cumming, Kantor and Powers 2001)。現在では、テスト事業者がテストデータ（問題、解答ともに）を蓄積することで独自にコーパスを作成し、研究者に解放はしていないものの、テスト開発に役立てていることと思われる (Barker 2010)。

3. テストの信頼性と妥当性

　教育的テストを含む心理テストにおいて、「良いテスト」を構成する要素は、信頼性と妥当性である。妥当性は、「測るべき特質 (trait) を正確に測っているか」ということであり、テストの得点（評価）と、それの意味するところを解釈し、利用する方法が適切であるかまでを含む(Bachman 1990)。一方、信頼性とは測定におけるエラー要素の少なさを指す。
　妥当性は内容妥当性、基準妥当性、構成概念妥当性の 3 つから成る

が、それぞれが独立した概念ではなく、構成概念妥当性、すなわち測るべき力を測っているテストか、が最も基本的な概念で、その他の2つが構成概念妥当性を補完する (Bachman 1990)。Alderson (1996) は、コーパスを言語テストのために利用することで、構成概念妥当性が向上する可能性は考えられないが、内容妥当性は改善できると述べている。つまり、実際の自然な言語使用に基づいてテストが制作された結果、受験者は、テスト作成者の個人的な判断や直感ではなく、現実の使用において重要である項目で試されることが可能となる。

3.1. パフォーマンス評価とコーパス

実際に話したり書いたりすること、すなわちパフォーマンスで評価し、正誤の二項では判定しないテストを、パフォーマンス評価と呼ぶが、コーパスでパフォーマンス評価ならではの脆弱性を補うことが可能である。パフォーマンス評価は、評価者による判定、採点が必要であるため、同一評価者内で評価に揺れが生じる、また評価者間で評価の厳しさに一貫性がないなど、正解が1つに定まっている試験には見られない、信頼性を危うくする要素がある。言うまでもなく、信頼性の低いテストは、妥当性を確保することができない。

McNamara (1996) は、スピーキングテストの信頼性に影響する要因として、受験者、試験官、評価者に加え、タスクの影響や評価する際に参照する評価基準 (scale/criteria) を挙げている。このうち評価基準の精緻化とタスクの影響の分析に対するコーパスの貢献は後に詳しく述べる。

4. 母語話者コーパスの言語テストでの利用

Barker (2010) によると、言語テストにおけるコーパスの可能性を最初に論じたのは、Alderson (1996) であった。当時は、実際にコーパスが標準テストを作成するために使用された例や、コーパスの有用性を立証する研究が存在しなかったようだが、現在ではテスト分野においてコーパスは以下のように使用されている。

4.1. テスト開発における直接利用

　テスト項目作成者は、母語話者コーパスから自分の直感に対する実証的根拠を探すことができる。Barker (2006) は、テスト開発においてコーパスは、実際に項目を書く段階でも、推敲する段階でも利用価値が高いと述べている。コーパスに含まれる英文を、テスト問題に利用できるだけでなく、分野特定型 (domain-specific) コーパスを参照すれば、特定の分野、状況において、ある構文や表現がテストに出題するに値するほど特徴的に使用されるかどうかの判断基準を得ることができ、内容妥当性検証に根拠を与える。つまり、テスト項目が、測定したい状況の測定したい内容に関するものか、そして、必要な内容を網羅できているのか、ということがコーパスを使えば確認することが可能になる。English for Specific Purposes (ESP) や English for Academic Purposes (EAP) の分野では、使用コンテクストが使用語彙、文章・パラグラフ構造を特徴づけるため、テスト作成時にコーパスを使用することは特に重要である。例えば、Cambridge ESOL は、BNC などの母語話者コーパスやインターネット検索を用いることで、特定の状況（例えば大学などのアカデミックな場）における自然な言語使用 (authentic use)、共起表現、イディオム、辞書には出ていないような微妙なニュアンスを確認し、それらをテスト問題や錯乱肢として使用している (Barker 2006)。またスピーキングテストにおいても、University of Michigan English Language Institute Testing and Certification Division (ELI-UM) では、Michigan Corpus of Academic Spoken English (MICASE) を利用し、アメリカの大学生活での典型的な会話スピードなどの情報をテスト制作者に提供している (Barker 2010)。そして、Alderson (2009) は、航空英語の運用能力試験において、パイロットと航空管制官のやり取りを集積したコーパスを作成し、それを利用することを提案している。

　これらに加え、最近では、コーパス等のデータから自動で設問を生成するシステムも多く発表されている (Chen, Liou and Chang 2006; Coniam 1997; Hoshino, Huan and Nakagawa 2008; Kunichika *et al*. 2002; Sumita, Sugaya and Yamamoto 2005、等)。

4.2. 母語話者コーパスの間接利用

コーパスからコンコーダンス機能により語彙頻度表を作成し、それを利用することは、教材開発のみならず言語テストの分野でも広く行われている。大規模コーパスで算出した語彙頻度から、頻度の低い単語を難易度の高い単語と見なし、テストでの使用語彙レベルを対象受験者の運用能力に合わせて、コントロールすることが可能となる。また同じ単語でも、共起語との組み合わせによっては頻度が下がる(すなわち難易度が上がる)ため、その判断をテスト項目作成者の主観のみに頼らず、コーパスデータで客観的に行うことは重要である。

加えて、後述する自動採点にも関連するが、母語話者コーパスを「正解コーパス」(normative corpus)として使用し、例えば、大学など特定のコンテクストで適切な語彙使用や語彙知識の深さを推測したり、また、同じタスクにより引き出された学習者と母語話者の作文や発話を目視で、もしくは、コンピューターで比較し、採点に役立てることができる。しかし、母語話者コーパスに現れない表現が必ずしも誤りとは言えないため、注意が必要であろう(Alderson 1996)。

5. 学習者コーパス

学習者の発話、作文を収集し作成したコーパスは、学習者コーパス(learner corpus)と呼ばれる。ここからは、実際の学習者の作文、発話からコーパスを作るという性質上、パフォーマンス評価に対する効果に限って議論する。国際的学習者コーパスプロジェクトで良く知られるものは、学習者作文データコーパスの International Corpus of Learner English (ICLE) と、学習者発話コーパスの Louvain International Database of Spoken English Interlanguage (LINDSEI) であろう (Lee 2010)。ICLE は収容語数が約 200 万語と多いものの、元データのエッセイに対し個別のレベル評価が含まれておらず、学習歴の長さを運用能力の指標として利用する。その他、世界各地で構築された学習者コーパスの情報はルーヴァン・カトリック大学(Université Catholique de Louvain)のページで入手できる。

運用能力を含むデータ提供者についての情報、データ収集日、データが発生した社会言語的状況、タスク、データソース、ジャンルなどの付加情報があるコーパスは特に利用価値が高い (Alderson 1996)。こういったメタ情報のついた学習者コーパスは、ライティング、スピーキングテストの解答をコーパス化することで、比較的容易に作成することが可能で、冒頭に述べた CLC はこれにあたる。

Barker (2010) によると、学習者コーパスは、言語テストの分野では以下のような目的で利用することができる。

5.1. テストフォーム・アイテムの同等性の検証

研究、教育の現場では、授業、研究対象の効果測定のために、複数のテストフォームを使用することが一般的だが、その場合、事前・事後のテストは難易度、構成概念ともに同等のもの（パラレルテスト）を使う必要があり、もしそれが保証されないと効果測定の妥当性そのものを揺るがすこととなる。パフォーマンステストの解答で作成した学習者コーパスを利用すると、複数のテストがパラレルかどうかの検証が容易になる。また大量の解答が蓄積されれば、テストの標準化も可能になるであろう。そして、テスト単位ではなく、使用したタスクごとの作文・発話データを保存しておくと、タスクの同等性を分析することもできる。

5.2. テストの品質管理

教育課程、学習者の変化により、テストは経年劣化する可能性があるが、受験者の解答を長期間蓄積し、比較分析することで、テスト外状況の変化に適合させることができる。また、テストバイアス（テストが何らかの共通性を持つ受験者にのみ特殊な影響を与えてしまう現象）が存在しないか、解答コーパスから明らかにすることも可能である。

5.3. 評価官研修

パフォーマンス評価では、評価官が評価基準を客観的に、かつ一貫性を持って当てはめ、評価をする必要があるが、評価官研修のために、運

用能力情報が付与されている学習者コーパスのデータは非常に有用であろう。また、PAROLE (Parallèle, Oral, en Langue Etrangère) corpus のように学習者と母語話者の発話の録音音声を収録したコーパスを用いれば、流暢さなど音声面の分析が可能で (Osborne 2011)、口頭運用能力評価の訓練用データとして利用価値が高い。

5.4. 様々な運用能力に見られる言語特性の特定

レベル情報が付加されているコーパスを使うと、各運用能力で特徴的に現れる語彙、構文、間違いなどを実証的に選定することができる。これらの情報は、教育者の経験や直感を補足し、第二言語の発達過程を横断的に示すもので、言語教育者のみならず、言語テスト開発・運用者にとっても、非常に有益である。

5.5. 一般的な客観的枠組みで、学習者のパフォーマンスを説明

テスト独自の評価基準によって評価された学習者の作文・発話データを、ヨーロッパ言語共通参照枠 (Common European Framework of Reference for Languages, CEFR) などと照らし合わせることにより、広く一般的に使用されている運用能力基準で説明することが可能となる。

以上に述べた効用以外にも、学習者コーパスは、母語話者コーパスにはない使い方が可能であるが、エラー分析はその一例であろう。母語話者コーパスと違い、学習者データは文法、語彙、語用等のエラーを含む。誤用を示すエラータグの付与は手間のかかる作業であるが、CLCにおいては、現在収集されている 20 万のスクリプトのうち、11 万 5000 スクリプト (2300 万語) に、70 種類を超えるエラータグが施されている (Barker 2006, 2010; Hawkins and Buttery 2010)。さらに、parsing と呼ばれる構文解析処理を施すと、学習者の運用能力に応じて使用される構文が明らかになり、それとエラー情報を組み合わせることにより、ある構造がどのレベルで使用され始め、どのレベルで正確に使用できるようになるのかを分析することが可能となる。例えば、関係代名詞などの比較的難易度の高い構文は、初級学習者の発話や作文にはまったく見られないか

もしれないが、運用能力が上がるにつれて、エラーのある形で使われ始め、正しい使用が増し、最終的に母語話者の使用頻度に近づく、という発達経緯をたどることが予想される。関係代名詞の発達に関しては、後に詳しく述べる。

6. 評価基準と能力記述作成のためのコーパス利用

　正誤の二項で判定できないパフォーマンス評価は、評価の客観性がテストの生命線ともいえる。評価官は各運用能力の能力記述 (level descriptor) や評価基準 (rating criteria, rating scale) と、発話や作文を照らし合わせ、テスト受験者がどの能力レベルに位置するかを判定する。評価基準の多くは抽象的に書かれているため、評価基準を満たし、かつ受験者の運用能力を示唆するような具体的言語特徴を、教員、研究者は自分の経験と勘に頼って推察する場合が多い。しかし、データ提供者のレベルを正確に記録している学習者コーパスデータを使用すれば、実証的、かつ客観的にそのような言語的特徴を検索、検証することができ、評価基準の精度を高めることが可能である。実際、Kennedy and Thorp (2007) は、英語熟練度を測る英語検定の 1 つである International English Language Testing System (IELTS) の Writing Task 2 の 130 件のスクリプトでコーパスを作成し、expert, competent, limited の 3 レベルの学習者の言語特徴を調査した。目視とコンピューターを併用して抽出された言語特徴は 11 項目にも及び、非常に詳細に分析、議論されている。この研究の結果、IELTS の作文評価のレベルバンドの記述は改訂された (Barker 2010)。

　学習者コーパスを利用し、学習者の運用能力レベルを示唆するような言語的特徴を拾い出すプロジェクトで最近注目を集めているのは、Council of Europe の公認プロジェクトである English Profile Programme (EPP) であろう。本来、このプロジェクトは汎言語的に書かれた CEFR の 6 つの運用能力レベル記述に対し、英語学習者が特徴的に使用する語彙、文法事項を具体的に付加するとともに、母語の影響を探求することを目的としている (Hawkins and Buttery 2010)。この実証的研究のためには、CLC

が主要な役割を果たしてきた。EPP で特定しようとしている特徴的な語彙、文法事項を Hawkins and Buttery (2010) は基準特性 (criterial features) と呼び、以下のように述べている。

> The basic intuition behind the criterial feature concept is that there are certain linguistic properties that are characteristic and indicative of L2 proficiency at each level ... If we can make the distinguishing properties explicit at the level of grammar and lexis, and ultimately for phonology, semantics and form-function correspondences as well, then we will have identified a set of linguistic features which provide the necessary specificity to CEFR's functional descriptors for each of the proficiency levels. (2).

　文法、語彙のみならず、最終的には音声、意味、形態 (form) と機能 (function) の対応に関してまで、基準特性を選定することが念頭にある点が興味深い。検証すべき基準特性の分類や具体例は、Hawkins and Buttery (2010)、投野 (2011) に詳しいため、参照されたい。

6.1.　関係代名詞の発達 —コーパスデータによる検証

　ここでは、Hawkins and Buttery (2010) も研究対象として取り上げた関係詞節の発達を、日本人英語学習者の発話データを用いて検証し、彼らの結果と比較することで関係代名詞節の習得過程、加えてパフォーマンス評価で使えそうな基準特性を考察したい。

　利用した発話データは、National Institute of Information and Communications Technology (NICT) Japanese Learners of English (JLE) Corpus (和泉・内元・井佐原 2004) から抽出した。NICT JLE コーパスは対面式の英語スピーキングテスト、Standard Speaking Test (SST) によって引き出された発話を元データとして構築され、データ提供者の口頭運用能力が、9 レベルに分類されている。レベル評価は 2 名もしくは 3 名の評価官が行い、信頼性は高い (2000 年から 2002 年に実施された 6,038 件の SST インタビューの級内相関係数 ICC = .82 (Kaneko 2008))。

Kaneko (2011) は、学習者の口頭運用能力と関係代名詞の使用を Noun Phrase Accessibility Hierarchy (NPAH) (Keenan and Comrie 1977) の枠組みで調査した。Hawkins and Buttery (2010) も、CLC と BNC を使い同様の研究を書き言葉で行っているため、両者の結果を比較したい。

　　NPAH は類型的普遍性の 1 つとして提唱され、以下のような有標階層を成す。

NPAH

Subject(S)>Direct Object(DO)>Indirect Object(IO)>Oblique Object(OBL)>Genitive(GEN)>Object of Comparison(OCOMP)

　　">" の右側の要素が関係詞節の先行詞として利用できる言語は、必ず ">" の左側の要素も先行詞として利用可能である。例えば、IO が先行詞の関係詞節 (例：the boy I gave chocolate to) が可能な言語では、必ず、DO が先行詞の関係詞節 (例：the chocolate I gave to the boy) が存在するが、OO が先行詞の関係詞節 (例：the boy I take care of) が存在するかどうかはわからない。この関係は、処理の難しさを反映しており (Gass 1982)、実際、印欧語系の第二言語習得では学習者は階層の上 (> の左側) の関係詞から順に習得する (Doughty 1991; Hyltenstam 1990、等)。

　　そこで、同様の影響が日本人英語学習者の自発発話における関係詞の使用頻度にもみられるのかを調査した。調査には、NICT JLE コーパス上位 4 レベル (レベル 6 から 9、TOEIC 換算で、700 点から 940 点相当) の各レベル 14 名ずつと、同コーパスに付随する正解コーパスから、母語話者 20 名分のモノローグの発話を使用した。関係詞節は目視で拾い出し、また IO, OBL タイプの関係詞節は形の近似性から、先行研究に倣い (Doughty 1991; Hyltenstam 1990)、1 つのカテゴリーとして扱っている。それぞれのタイプの関係詞の頻度割合は表 1 の通りである。

表 1. 関係詞節タイプ別使用頻度（発話）

関係詞	レベル 6	レベル 7	レベル 8	レベル 9	NS
S タイプ	40 (77%)	23 (48%)	26 (40%)	46 (55%)	72 (43%)
DO タイプ	7 (13%)	13 (27%)	30 (46%)	27 (32%)	67 (40%)
IN/OBL タイプ	5 (10%)	12 (25%)	9 (14%)	11 (13%)	28 (17%)
トータル	52	48	65	84	167

　使用された頻度割合だけをみると、レベル 6 では、S タイプの関係詞節が圧倒的に多く、レベル 8 で使用分布は母語話者に近づく。しかし、レベル 9 で再び S タイプが増え分布が逆行するように思われる。このうち、エラーを含まず正しい形で使用された関係詞は、レベル 6 で 54%、レベル 7 で 63%、レベル 8 で 69%、レベル 9 で 86% と、レベルが上がるに従って正確さも増す。以上を総合すると、レベルが上がると関係詞の使用頻度そのもの、またそれを正しく使える割合も上がり、低いレベルほど、S タイプの関係詞（つまり処理が楽な関係詞）に頼っている、と言える。ただし 1 つ特異な点があり、レベル 8 の学習者が S タイプよりも DO タイプを多く使い、その上、彼らの DO タイプ関係詞の正確さは 9 割に近い。そこでレベル 8 の話者が使用した関係詞を精査すると、使用した関係詞の 50% が、one, all, everything などの不定代名詞や、thing, stuff などの具体的な意味を持たない名詞を先行詞とした、不定代名詞＋（関係代名詞）＋有生名詞主語＋動詞（例：everything I do）という DO タイプの関係詞節であることが分かった。この形の関係詞節は言語習得過程で現れる formula (Mak, Vonk and Schriefers 2002) で、タスクに直面した学習者の処理負荷を軽くしていると考えられる。以上より、口頭運用能力テストで基準特性となりそうな言語項目は以下のようなものが考えられる。

1. 使う関係詞のタイプ
　　学習者は NPAH の階層高位置の関係詞（S タイプ）から使い始める

ため、TOEIC700点程度の中級レベルの話者では、Sタイプがほとんどである。レベルが上がるにつれて、母語話者の関係代名詞節分布と近くなる。
 2. 関係詞の正確さ
  中級者だと、約50％の確率で正しい関係詞が自発発話で使える。上級者では9割近い確率で、正しく関係詞節を作ることができる。
 3. 具体的な意味を持たない先行詞
  中級から上級の過渡期で、all, one, something, thing といった名詞を先行詞とする formula を多用する。

比較のため、Hawkins and Buttery (2010) の書き言葉における関係代名詞節の使用頻度の結果も表2に記す。CLCは運用能力レベルをCEFRのA1〜C2レベル（A1のデータは少ない）で分類している。NS1, NS2はBNCのサブコーパスの母語話者データである。

表2. 各CEFRレベルの関係詞節タイプ別使用比率（作文）

関係詞	A2	B1	B2	C1	C2	NS1	NS2
S	68%	61%	71%	70%	75%	81%	58%
DO	31%	37%	26%	25%	21%	12%	22%
IN/OBL	2%	2%	3%	5%	4%	7%	20%

note. NS1：イギリス科学雑誌 *New Scientist* の母語話者データ；NS2：英国判例集編纂協議会発行の判例集 *The Law Report* の母語話者データ

SST6とA2がおおよそ対応しており、SST9はB2とC1の中間に位置すると思われる。Hawkins and Buttery (2010) は、Robust Accurate Statistical Parser (RASP) を用い、自動で関係詞節を検索したため、関係代名詞を使用していないDOタイプと誤認したケースが多く含まれると補足しているが、レベルと使用する関係詞節タイプに特に目立った相関はなく、母語話者も含め各レベルにおいてNPAHの予測通りの分布となっている。表1と比較すると、最も処理に負荷がかからないSタイプの関係詞は、話し言葉よりも書き言葉で使用比率が高い傾向があることがわか

る。なお、関係代名詞を基準特性として利用する可能性を模索する場合は、自動検索だけで得られる情報では不十分であるように思われる。習得過程の詳細を知るためにも、実際の関係代名詞節を確認する作業が必要だろう。また、次に述べるようにタスクの影響により文章の複雑さなどは大きく変わるため、もし母語話者の発話を正解として基準に利用するのなら、同等のタスクで引き出された発話のコーパスを使用する必要があるだろう。

6.2. タスクの影響

　発話を引き出すためのタスクは、発話の正確さ、複雑さ、流暢さに影響を与える (Brown, Iwashita and McNamara 2005; Brown *et al.* 1984; Foster and Skehan 1996; Robinson 2001, 2005; Skehan and Foster 1999)。ここでは、NICT JLE コーパスを利用して、学習者英語の正確さ、複雑さ、流暢さに対する 2 種類のタスクの影響について述べたい。本研究 (Kaneko 2008) で使用したのは、レベル 4 から 9 の話者、各 20 名ずつ、合計 120 名分の、静的タスク (一枚の絵の描写) と動的タスク (物語を成す一連の絵の説明) (Brown *et al.* 1984) のデータである。静的タスクでは、どの要素から描写を始めるかは話者の自由であり、わかりやすい構造は動的タスクほど必要ではない。また自分の力で表現できない事象は、説明を避けることができる。それに対し、動的タスクでは、聞き手に伝わるように、背景の設定や登場人物、場所、時の変化を明確に説明しなければ物語が伝わらない。その分処理負荷が高く、難しい。

　全体的な結果として、動的タスクは静的タスクよりも、複雑な構造だが流暢さ、正確さに劣る発話を引き出した。これに学習者の運用能力の要因を加味すると、タスクの複雑な影響が見て取れる。動的タスクにおいて、流暢さ、正確さは全レベルを通して一様に低下したが、文章の長さはレベル 7 以上の話者、構文的複雑さはレベル 8 以上の話者のみ有意に向上した。つまり中級以上の学習者は、長く複雑な文章を利用して難しいタスクの認知的要求に応え、正確さ、流暢さの低下は見られたものの、物語としての完成度を高めることができるが、中級以下の学習者の

場合、難易度の高いタスクは発話の正確さ、流暢さが下がるだけで、長く複雑な文章を使ってまとまった物語を話す余裕がなかったと推察される。

この研究から、パフォーマンスを比較する際、利用したタスクを常に考慮することが不可欠で、学習者コーパスにもタスク情報を記載する必要があることがわかる。静的タスクの発話と、動的タスクの発話を比べても、同等物を比べていることにならず、比較そのものが妥当でなくなる可能性がある。

7. 学習者英語の自動分析と自動採点

7.1. 基準特性の抽出と検証

上述のとおり、様々な運用能力レベルで特徴的に表れる学習者英語の特質を、実証データに基づいて特定することは、英語教材、教授法開発のみならず、評価のためにも非常に重要である。学習者英語の巨大データベースである学習者コーパスのデータから、運用能力レベルに関連付けられた基準特性に関する数値的データを自動的に抽出できれば、パフォーマンスの自動採点、ひいては外国語の習得過程の解明に応用できる。現在までの研究で、文章の長さの平均 (mean words per sentence)、文章の数 (number of sentences)、単語の長さ (length in words)、語彙密度 (lexical density)、タイプ・トークン比 (type-token ratio) といった数値的計測値、頻度と意味の単純さで示す語彙の難易度、構文的複雑さと正確さ、などが自動検索可能な指標とされているが、これらの指標が真に学習者のレベルを示す指標なのかは定かではない (Pendar and Chapelle 2008)。しかし、大規模データを利用すれば、この状況は変わる可能性があるのは明確である。

その例として、Pendar and Chapelle (2008) は、ICLE の一部データを用いて、学習者の語彙習得度を表す指標と、それらを学習者レベルに応じて適切に重みづけをするための統計的手法について調査している。ICLE は元データとなっているエッセイの評価情報が含まれていないた

め、学習年数に応じて独自にデータを 3 レベルに分類した。分析には従属変数(ライティング能力レベル)と 47 種に及ぶ独立変数(語彙習得に関する指標)の関係性を多変量に基づいて調査することができる決定木分析を利用した。

　分析の結果構築されたモデルはあまり信頼度の高いものではなかったが、これはおそらく、語彙に関する指標しか独立変数として利用しなかったこと、また従属変数として使用した能力レベルが不正確だったことによると考察している。彼らは、学習者の運用能力別にデータを集めて LC を作成することが、コーパス言語学、言語テスト緒分野に非常に重要であることを示唆した。

7.2.　自動採点

　この分野はまだ黎明期と言えるが、アカデミックな場での英語のように、特徴的な形を持つライティングの 9 割は、いずれ適切に自動採点できるようになるであろう (Shermis and Burstein 2003: xiii)。自動採点の正確さを検証する研究では主に評価官と自動採点システムによるスコアの比較が行われるが、それは信頼性を示すものでしかなく、自動採点型テストの妥当性を立証するには不十分であり (Chung and Baker 2003)、採点の正確さに加え、テスト本体が自動採点法を使用するのに適切なテストであるのかを検討する必要がある。したがって、評価基準や解答を導き出す過程の自動採点システムへの応用、そのための見直し、人間の評価官の採点に基づいて作成されたスコアリングモデルの見直しなど、テスト全般に対する徹底的な妥当性検証作業が不可欠であるが、これらを成し遂げれば自動採点型パフォーマンス評価は、最終的に妥当性の高いものになる可能性がある。

　実際に運用されている自動採点システムとして、ETS が自然言語処理 (Natural Language Processing, NLP) 技術を応用して制作した e-rater engine が挙げられる。e-rater は Criterion Online Writing Evaluation Service の一部として提供され、TOEFL や Graduate Record Examinations (GRE) といった主要テストでも、人間の評価官と組み合わせて利用されている (Monaghan and Bridgeman 2005)。e-rater ver. 1 では、60 にも及ぶ基準を使い評価を行っていたが、version 2.0 は、文法、語法、スタイル、構成、論の進め方、語彙の複雑さ・適切さ等に関する 12 の基準に絞り込まれ、因子分析の結果、それぞれの基準が人間の評価官によるスコアを有意に予測していることが分かった (Attali and Burstein 2006; Burstein, Chodorow and Leacock 2004)。Burstein, et al. (2004) は、e-rater 2.0 と評価官の判定したスコアの一致度（スコアの完全一致と、±1 スコアのずれ）を調査した。一致率は97%で、2 人の人間の評価官が示す一致率と同等だった。

8. エラー分析

　NLP は暗号解析と翻訳の分野から発達してきたが、最近では学習者言語分析への応用が進んでいる (Meurers 2012)。NLP を使えば、学習者の作文に対する、採点、フィードバックを自動で行う Intelligent Language Tutoring Systems (ILTS) のような教材システムの開発が可能であり、これにより学習者個人に対する学習モデルを構築、さらに、インプットを増やすことによりそのモデルをアップデートすることができる。ILTS を用いて学習者エラーを判別し、フィードバックを与える研究は多く行われたが、残念ながら学習者コーパスを使用する SLA 研究者と ILTS の NLP 研究者はまだ協力関係に至っていない (Meurers 2012)。その理由として、NLP では、エラーを含んだ学習者のデータと、母語話者が同じ内容を伝えた場合の「正解」とを比較する必要があるが、学習者が意図した内容の解釈が定まらず、「正解」を決めるためのプロセスが確立されていないこと、そして、学習者の発達状況を示すような言語特徴を特定する注釈付けのルールや手法が確立しないことを挙げられる。ここまでの議論でわかるように、SLA の分野では、そもそも指標となる言語特徴の特定がまだ発展途上である。

　中間言語におけるエラーは、学習者の発達段階を示唆することが多い。そのため、教員、研究者にとって、エラー分析は非常に有益な情報をもたらすが、骨の折れる作業でもある。ここではエラーの自動分析に

関し、先行研究を紹介したい。Izumi, Uchimoto and Isahara (2004) は、学習者が見せる典型的な文法、語彙に関するエラーを示す45のタグセット開発し (Izumi, Uchimoto and Isahara 2005)、NICT JLE コーパス収録データのうち、167ファイルにこれらを付与し、そのうち151ファイルをトレーニングデータとして、16ファイルをテストデータとして利用して英語誤り検出実験を行った。データが少なかったせいもあり、すべての間違いに対する再現率 (recall：正解比率、すなわちすべての間違いのうち、何％が検索でヒットするか) は 5.72–34.66％、適合率 (precision：検索結果の正解比率、すなわち検索結果の何％に間違いが含まれているか) が 20.22–56.88％であったが、もっとも頻繁に見られ、トレーニング効果が高かったと思われる冠詞の omission エラーに関する間違いの再現率は50％、適合率は約60％だった。

　Tetreault and Chodorow (2008) は、量とエラーに対する注釈付けの正確さの両方において、システムのトレーニングに使えるほどの信頼性の高い学習者データが存在しないため、エラーのない Reuters News と Microsoft Encarta のテキストでトレーニングを実施後、Chinese Learner English Corpus (CLEC) のデータで、前置詞間違いの検索実験を行った。検索された間違いは、必要な前置詞を使用しなかった omission エラーは対象になっていなかったと思われる。結果は、適合率が80％、再現率が 12–26％であったが、再現率が低いのは、「少なく、正確に検索する」という間違い検索の慣習によるという。また彼らは、それまでのエラーに対する注釈付けの信頼性に疑問を呈した。注釈付けは、人間の作業によるため、個人差があることは否めず、それが間違い検索の研究そのものを危うくしているのではないか、という。この点を検証するため、NLP と学習者英語のエラーに対する注釈付けの経験のある母語話者2人に、18,000 の前置詞使用に対して不要な前置詞の使用、間違った前置詞の使用、前置詞の正しい使用、問題ではない前置詞の使用、という4種類の判断をさせた。2人の評価の一致度の信頼性を表すカッパ係数は .630 で、経験のある母語話者をしてもこの作業の難しさが明らかになった。次に、この2人の評価者を正解 (gold standard) として用い、

CLECの間違い検索で使った上記検索システムの適合率と再現率を調べたところ、正解として使う評価官により、適合率で10%、再現率で5%の差が出た。これほどの個人差は、間違い検索システムのパフォーマンス評価でgold standardとして利用するには不適切であり、今後の研究には、gold standardの設定に検討が必要であることを示唆した。

　一般にコーパス処理で、複数の単語が有意に高い頻度で共起する場合、それらの単語は何らかの結びつきがあるとみなす。ETSが開発した作文分析ツール、critiqueはこの方法を逆の目的で利用している (Burstein et al. 2004)。つまり、母語話者コーパスにおいてはほとんど見られない二単語共起 (bigram) を、学習者英語のエラーとみなし、検索するというものだ。例えば、this desks, these bookのように、数が一致していない共起はこの方法で探し当てることができる。これをfilterと呼ばれる特殊な条件付けにより、隣り合って共起していないbigram (these interesting booksのような形) もエラーとして検索しないよう処理している。同様にbigramを利用したエラー検索の例で、Leacock and Chodorow (2003) によるAssessment of Lexical Knowledge (ALEK) を使っての研究では、Wall Street Journalとカリフォルニア州立大学システムの1年生が書いた2000件のエッセイのデータで、bigramを比較した。その結果、21種類のエラーと思われるbigramが見つかったが、エラー検索の精度は、対象となるbigramにより、71%から100% (平均80%) とばらつきがあった。しかし全体的には評点の高いエッセイは、エラーと思われる頻度の低いbigramの種類が少なかった。

9. おわりに

　コーパスの言語テストへの応用の歴史は浅いが、今後、質の高いLCが多く開発されれば、言語テスト分野への大きな貢献が期待される。特に、人間の手で採点を行う必要があるパフォーマンス評価に果たす役割は大きいであろう。

　様々な運用能力レベルを特徴づけるような基準特性は、学習者コーパ

スを利用すれば実証的に特定することが可能であり、的確な基準特性はパフォーマンス評価を行う際に評価官が参照するレベル記述や、ルーブリック（レベル記述を評価観点と評価尺度のマトリクスの形で整理した評価表）に直接反映することができる。そして、これら具体的な基準特性を評価に利用し、必要に応じて検証、差し替え、変更を繰り返すことで正確さが増し、将来的には学習者の英語習得過程の一般モデル構築が可能になるかもしれない。

　こういった第二言語発達の一般モデルは、個人差を反映しないという弱点はあるものの、外国語教員、第二言語習得研究者にとっては、具体的な研究を行う際の枠組みとしての利用価値が高い。例えば、TOEFLの英作文問題では、アジア各国の学生が構成力（organization）においては早い段階で高い能力を発揮するが、文法、語法、メカニックス（スペリング、パンクチュエーションなど）においては他の国の学生よりも低い能力を示す。ランダムな個人差ではなく、このようなある特徴を持った学習者が、一貫して見せる一般モデルからの乖離を実証データで把握できたら、学習者に応じて第二言語習得の様々な側面に重みづけを行い、一般的な評価基準に加え学習者の特徴に合わせた評価が可能になるかもしれない (Attali and Burstein 2006)。

　最後に、英語はすでに国際語となり、世界中で母語話者以上に非母語話者により使用され、特に理系分野では、母語話者の間ではあまり一般的ではない使用法や、許容されない形が通用している (Johnson and Rozycki 2010)。このような言語の変異形の許容度は、分野により程度の差があることが予想されるが、例えば上級英語学習者や母語話者が執筆した査読付き学術論本を集めた分野特定コーパスを作成することで、従来の英語規範からは逸脱しているが許容される使用法の範囲を、分野別に求めることが可能となるであろう。

参考文献

Alderson, Charles J. (1996) Do Corpora Have a Role in Language Assessment? Jenny Thomas and Mick

Short (eds.) *Using corpora for language research*, pp.248–259. New York: Longman.

Alderson, Charles J. (2009) Air Safety, Language Assessment Policy, and Policy Implementation: The Case of Aviation English. *Annual Review of Applied Linguistics* 29: 168–187.

Attali, Yigal and Jill Burstein. (2006) Automated Essay Scoring with e-rater® V. 2. *The Journal of Technology, Learning and Assessment* 4 (3) : 3–30.

Bachman, Lyle F. (1990) *Fundamental Considerations in Language Testing*. Oxford: Oxford University Press.

Barker, Fiona. (2006) Corpora and Language Assessment: Trends and Prospects. *Research Notes* 26: 2–4.

Barker, Fiona. (2010) How can Corpora be Used in Language Testing? In Ann O' Keeffe and Michael McCarthy (eds.) *The Routledge Handbook of Corpus Linguistics*, pp.633–646. NY: Rougledge.

Biber, Douglas, Susan M. Conrad, Randi Reppen, Pat Byrd, Maire Helt, Victoria Clark and Alfredo Urzua. (2004) . Representing Language Use in the University: Analysis of the TOEFL 2000 Spoken and Written Academic Language Corpus. *TOEFL Monograph Series*. Retrieved from http://www.ets.org/Media/Research/pdf/RM-04-03.pdf.

Brown, Annie, Noriko Iwashita and Tim McNamara. (2005) An Examination of Rater Orientations and Test-taker Performance on English-for-academic-purposes Speaking Tasks. Retrieved October 1, 2007, from *Educational Testing Service* http://www.ets.org/research/policy_research_reports/rr-05-05_toefl-ms-29

Brown, Gillian, Anne Anderson, Richard Shillcock and George Yule. (1984) *Teaching Talk: Strategies for Production and Assessment*. Cambridge: Cambridge University Press.

Burstein, Jill, Martin Chodorow and Claudia Leacock. (2004) Automated Essay Evaluation: the Criterion Online Writing Wervice. *AI Magazine* 25 (3) : 27–36.

Chen, Chia-Yin, Hsien-Chin Liou and Jason S. Chang. (2006) FAST: An Automatic Generation System for Grammar Tests. *COLING/ACL on Interactive presentation sessions*, pp.1–4. Association for Computational Linguistics.

Chung, Gregory K. W. and Eva L. Baker. (2003) Issues in the Reliability and Validity of Automated Scoring of Constructed Responses. *Automated Essay Scoring: A Cross-disciplinary Perspective*: pp.23–40. Mahwah, NJ: Lawrence Erlbaum Associates.

Coniam, David. (1997) A Preliminary Inquiry into Using Corpus Word Frequency Data in the Automatic Generation of English Language Cloze Tests. *Calico Journal* 14: 15–34.

Cumming, Alister, Robert Kantor and Donald E. Powers. (2001) Scoring TOEFL Essays and TOEFL 2000 Prototype Writing Tasks: An Investigation Into Raters' Decision Making and Development of a Prelminary Analytic Framework. *TOEFL Monograph Series*. Retrieved from http://www.ets.org/Media/Research/pdf/RM-01-04.pdf

Doughty, Catherine. (1991) Second Language Instruction does Make a Difference: Evidence from an Empirical Study of SL Relativization. *Studies in Second Language Acquisition* 13 (4) : 431–469.

Foster, Pauline and Peter Skehan. (1996) The Influence of Planning on Performance in Task-based Learning. *Studies in Second Language Acquisition* 18 (3) : 299–324.

Gass, Susan. (1982) From Theory to Practice. *Selected Papers from the 15th Annual Conference of Teachers of English to Speakers of Other Languages: TESOL'81*, pp.129–139.

Hawkins, John. A. and Paula Buttery. (2010) Criterial Features in Learner Corpora: Theory and Illustrations 1. *English Profile Journal,* Retrieved from http://journals.cambridge.org/abstract_S2041536210000103.

Hawkins, John. A. and Luna Filipović. (2012) *Criterial Features in L2 English: Specifying the Reference Levels of the Common European Framework* (*English Profile Studies 1*) . Cambridge: Cambridge University Press.

Hoshino, Ayako, Lunan Huan and Hiroshi Nakagawa. (2008) A Framework for Automatic Generation of Grammar and Vocabulary Questions. *WorldCALL 2008,* pp.179–182.

Hyltenstam, Kenneth. (1990) . Typological Markedness as a Research Tool in the Study of Second Language Acquisition. Hans W. Dechert (ed.) *Current Trends in European Second Language Acquisition Research,* pp.23–36. Clevedon: Multilingual Matters Ltd.

Izumi, Emi, Kiyotaka Uchimoto and Hitoshi Isahara. (2004) The Overview of the SST Speech Corpus of Japanese Learner English and Evaluation through the Experiment on Automatic Detection of Learners' Errors. *4th International Conference on Language Resources and Evaluation,* pp.1435–1438.

Izumi, Emi, Kiyotaka Uchimoto and Hitoshi Isahara. (2005) Error Annotation for Corpus of Japanese Learner English. *6th International Workshop on Linguistically Interpreted Corpora* (LINC-2005) , held at *the Second International Joint Conference on Natural Language Processing* (IJCNLP-05) , pp.71–80.

和泉絵美・内元清貴・井佐原均 (2004)『日本人 1200 人の英語スピーキングコーパス』アルク.

Johnson, Neil H. and William Rozycki. (2010) Textual Analysis of the Target Genre: IEEE Best Papers in Computer Science and Engineering. *OnCUE Journal for the Language Professional in Higher Education*: pp. 80–109.

Kaneko, Emiko. (2008) *An analysis of oral performance by Japanese learners of English.* Ph. D. Doctoral dissertation, University of Wisconsin-Milwaukee, Milwaukee.

Kaneko, Emiko. (2011) The Effects of the Noun Phrase Accessibility Hierarchy and Other Factors on Spontaneous Production of L2 Relative Clauses at Different Proficiency Levels. *JACET Journal* (52) : pp.31–50.

Keenan, Edward L. and Bernard Comrie. (1977) Noun Phrase Accessibility and Universal Grammar. *Linguistic Inquiry*: pp.63–99.

Kennedy, Chris and Dilys Thorp. (2007) A Corpus-based Investigation of Linguistic Responses to an IELTS Academic Writing Task *IELTS Collected Papers: Research in Speaking and Writing Assessment* (*Studies in Language Testing* 19) : 316–370.

Kunichika, Hidenobu, Minoru Urushima, Tsukasa Hirashima and Akira Takeuchi. (2002) A Computational Method of Complexity of Questions on Contents of English Sentences and its Evaluation. *International Conference on Computers in Education* 101: 97–101. IEEE.

Leacock, Claudia and Martin Chodorow. (2003) Automated Grammatical Error Detection *Automated Essay Scoring: A Cross-disciplinary Perspective*, pp.195–207. Mahwah, NJ: Lawrence Erlbaum Associates.

Lee, David Y. W. (2010) What Corpora are Available? In Michael McCarthy and Ann O' Keeffe (eds.) *The Routledge Handbook of Corpus Linguistics*, pp.107–121. Abingdon: Routledge.

Mak, Willem M, Wietske Vonk and Herbert Schriefers. (2002) . The Influence of Animacy on Relative Clause Processing. *Journal of Memory and Language*, 47 (1) : 50–68.

McNamara, Tim F. (1996) *Measuring Second Language Performance*. London: Addison Wesley Longman.

Meurers, Detmar. (2012) Natural Language Processing and Language Learning. *Encyclopedia of Applied Linguistics*, Wiley-Blackwell, Oxford. Retrieved from http://purl. org/dm/papers/meurers-12. html.

Monaghan, William and Brent Bridgeman. (2005) *E-rater as a Quality Control on Human Scores*. Retrieved from https://www.ets.org/Media/Research/pdf/RD_Connections2.pdf

Osborne, John. (2011) Oral Learner Corpora and the Assessment of Fluency in the Common European Framework. Ana Frankenberg-garcia, Lynne Flowerdew and Guy Aston (eds.) *New Trends in Corpora and Language Learning*, pp.181–197. London/New York: Continuum.

Pendar, Nick and Carol A. Chapelle. (2008) Investigating the Promise of Learner Corpora: Methodological issues. *Calico Journal* 25 (2) : 189–206.

Read, John. (2007) Second Language Vocabulary Assessment: Current Practices and New Directions. *International Journal of English Studies* 7 (2) : 105–126.

Robinson, Peter. (2001) Task Complexity, Task Difficulty, and Task Production: Exploring Interactions in a Componential Framework. *Applied Linguistics* 22 (1) : 27–57.

Robinson, Peter. (2005) Cognitive Complexity and Task Sequencing: Studies in a Componential Framework for Second Language Task Design. *International Review of Applied Linguistics in Language Teaching* 43 (1) : 1–32.

Shermis, Mark. D. and Jill C. Burstein. (2003) *Automated Essay Scoring: A Cross-disciplinary Perspective*. Mahwah, NJ: Lawrence Erlbaum Associates.

Skehan, Peter and Pauline Foster. (1999) The Influence of Task Structure and Processing Conditions on Narrative Retellings. *Language Learning* 49 (1) : 93–120.

Sumita, Eiichiro, Fumiaki Sugaya and Seiichi Yamamoto. (2005) Measuring Non-native Speakers' Proficiency of English by Using a Test with Automatically-generated Fill-in-the-blank Questions. *Second Workshop on Building Educational Applications Using Natural Language Processing*, pp.61–68. Association for Computational Linguistics.

Tetreault, Joel R. and Martin Chodorow. (2008) Native Judgments of Non-native Usage: Experiments in

Preposition Error Detection. *Workshop on Human Judgments in Computational Linguistics*, pp.24–32. Association for Computational Linguistics.

投野由紀夫 (2011)「コーパス言語学の英語教育への応用―CEFR を中心に―(第 28 回中部支部大会基調講演招待論文)」『JACET 中部支部紀要』(9)：1–11.

web ページ

Université catholique de Louvain, *Learner corpora around the world*. <http://www.uclouvain.be/en-cecl-lcworld.html>2012.9

VIII

教育利用のためのコーパス情報とツールの活用

投野由紀夫

1. はじめに

　本章では、コーパス言語学と英語教育の接点を考えるうえで、多くの英語教育の現場の教員やコーパス言語学の基礎知識がない研究者が戸惑うコーパスからの語彙情報の抽出方法とツール類の紹介を中心に行う。今までの章で明らかなように、コーパスからはさまざまな情報を抽出でき、それを言語教育に応用する動きが盛んであるが、それを可能にするテキスト処理の基礎を紹介しながら、コーパス言語学でよく用いられている汎用的なツールを紹介するとともに、教育利用に応用が可能なツールやコーパス検索システムの紹介も同時におこないたい。なお、より詳細な英語コーパスの種類や実際の使用方法に関しては石川 (2012; 2008) を、日本人英語学習者コーパスとその利用に関しては投野他 (2013) を参照されたい。

2. 一般的なコーパス検索プログラムでできること

　一般の英語教師などが利用できるコーパス検索プログラムには大別して次の2つに分けられる。

　　①自分が所持しているテキストを分析する場合
　　②コーパス＋検索ソフトのパッケージで提供される場合

①の場合は、コンコーダンサー (concordancer) というツールを利用して、自分でテキストを用意してソフトに読み込ませて分析する。②の場合は通例 web 上にコーパス検索用サイトがあり、コーパスと検索ソフトが一体になって検索環境を提供している場合が多い。
　以下に、自分で分析対象のテキストを自由に選択できる、という意味で汎用的 (generic) なコンコーダンサーを紹介して、これらのソフトで出来ることを整理してみよう。

2.1.　汎用コンコーダンサー

　汎用コンコーダンサーはほとんどが Windows、Mac で動作するもので、フリーソフトと商用ソフトに分かれる。表1に代表的なものをまとめてみた。
　一般的なテキストの検索であれば、表1のフル機能を有する汎用コンコーダンサーを使えばある程度の分析は自力で可能になる。以下にフル機能の汎用コンコーダンサーでできる分析の概要を簡単に見ておこう。

2.2.　汎用コンコーダンサーの主要機能
2.2.1.　単語の頻度と分布を知る

　コーパスは何らかの目的で収集されたテキストの集合体であり、そこから切り出せる情報としては単語の頻度 (frequency) と分布 (dispersion) が最も基本となる。これを単語ごとに大量に取り出して頻度順リスト (frequency list) やアルファベット順リスト (alphabetical list) にして整理するこ

表 1.　代表的な汎用コンコーダンサー

名称	作者	種類	特徴
AntConc	Laurence Anthony	無料	多言語、フル機能、Win/Mac/Linux、正規表現検索
MonoConc Pro	Michael Barlow	有料	多言語、語彙リスト、コンコーダンス、Win、正規表現検索、大規模データ
WordSmith Tools	Mike Scott	有料	多言語、フル機能、Win 大規模データ
Casual Conc	今尾康裕	無料	多言語、フル機能、Win/Mac, XML 正規表現検索、大規模データ
TextSTAT	Matthias Huning	無料	多言語、語彙リスト・コンコーダンス、Win/Mac
Adelaide Text Analysis Tool	Jennifer Watling 他	無料	多言語、コンコーダンス、コロケーション、Win/Mac
BFSU PowerConc	Xu Jiajin, 他	無料	英語・中国語、フル機能、Win、品詞タグ付きデータ対応

注：フル機能＝語彙リスト＋コンコーダンス＋コロケーション＋ n-gram ＋キーワード分析

とが多い。たとえば英語教育の現場であれば、入試問題コーパスを利用した学習語彙リスト作成や、教科書の本文をデータとした語彙リスト作成などは有用度が高いだろう。

　さらに「分布」は、たとえばコーパスが 100 の異なるテキストの集合だった場合、ある単語がどのくらいそのコーパス全体に均一に出てくるかを知る指標である。同じ頻度の単語でも、100 のうち 10 個のテキストにしか出現しない単語 B よりも、70 のテキストに出現した単語 A の方が有用度としては高いということができるかもしれない。専門特化した語彙の場合はテキストの領域 (domain) やタイプ (text type) に影響を受けやすく、一般語彙の場合はより広範囲に出現してくる傾向がある。WordSmith Tools などは特に高機能の wordlist 機能があり、サブコーパスごとの詳細な語彙統計を出し、全体における単語の分布なども細かくわかるようになっている。

　これらのツールを使用する際に、一般ユーザーが注意しておくべき点がある。第 1 は各ツールによって、単語の単位認定 (token definition) が異

なる点である。たとえば、単語リスト作成において、大文字と小文字を同一視するか否かを設定できる。それによっては、May（5月）とmay（助動詞）は同一単語とみなされてしまうかもしれない。またIt's、I'mなどの短縮形はAntConcではデフォルト設定ではアポストロフィで分割されてしまう。そこで単語リスト中にs（it'sのs）、m（I'mのm）、t（don'tのt）などの文字が高頻度で現れる。このs, m, tを自動的にis, am, notに統合するようなことは、このレベルのコンコーダンサーではできない。一方、WordSmith Toolsではデフォルト設定でアポストロフィが単位認定の文字列に含まれており、I'm, don'tなどは分離しないで1語とカウントされる。どちらも正確な単語リストの頻度には悪影響を与えてしまうが、通常のコンコーダンサーは便利な反面、こういった点はあまり融通が利かないことを肝に銘じて使用したい。

第2に一般的にこれらのツールで単語リストを作った場合にはすべて表層の形が異なる場合には別語とカウントされる。giveとgives, cakeとcakesは異なり語と判断されて単語リストには別々に現れる。これを回避しようとするのが見出し語化（lemmatization）という処理である。見出し語化はwent, gone, goes, goingなどの動詞の活用形をgoという基本形にまとめることである。名詞の単数・複数形、形容詞の比較級・最上級などもこれにあたる。コンコーダンサーは自動で見出し語化をするものは上記のツール群ではなく、WordSmith Tools, AntConcなどのように、見出し語リストを指定して、表層形を見出し語に再合成する処理を施さないといけない。他のソフトではBFSU PowerConcのように品詞タグ付テキストであれば単語リスト作成時に自動でレマ化を行えるものもある。

単語の分布情報はツールによって出力の仕方が異なる。WordSmith Toolsが唯一、コーパスに含まれているテキスト・ファイル単位で全単語の出現頻度をすべて算出する機能がある。それ以外は、まず特定の単語を指定して検索し、その単語のテキスト内分布を出力する機能（plotということが多い）で個別の単語の分布を確認させるものが多い（例：AntConc, MonoConc, CasualConc）。

投野由紀夫

2.2.2. 単語・句の用例（コンコーダンス）を探す

　汎用コンコーダンサーの第2の大きな用途は、自分が関心のある単語や句の用例を探すことである。この用例のことをコンコーダンス（concordance）とよび、それを Key Word In Context (KWIC) と呼ばれる検索語（search word）を中央（node）に左右の文脈が一覧できるような形式（図1参照）で表示するのが一般的である。また左右の文脈パターンを ABC 順に並べ替え（sort）することで、共起語（collocate）の出現状況を把握しやすくなる。また各例文のより詳しい文脈を見たい場合には、例文をハイライトすることで文脈が表示される機能もある（図1の下部）。汎用コンコーダンサーはほとんどこのような機能を標準で実装しているので、単語や句の用法に関してコンコーダンサー機能をうまく使いこなすことで、辞書の用例などにはないさまざまな実例に触れることができる。これらのコンコーダンス・ラインの授業での活用の効果に関しては過去10年でいろいろな研究がおこなわれてきている（本書第3章参照）。

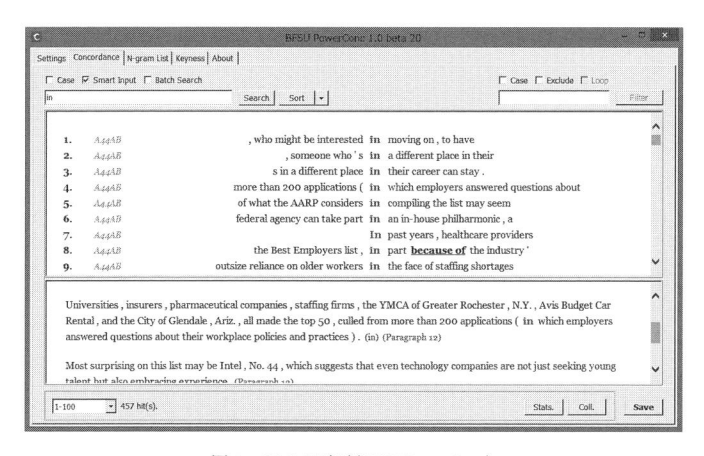

図1.　KWIC 画面（BFSU PowerConc）

　ただし汎用コンコーダンサーで用例検索する際には、いくつか制限がある。たとえば、単語リスト作成の際にも述べたが、基本的には表層形の情報しか処理できないため、go のすべての活用形の例を検索したい場合、go とだけ入力して処理してくれる賢いコンコーダンサーは表1

の中にはあまりない。語彙リストでは見出し語化をおこなえても、用例検索では見出し語を用いた検索が利用できない場合が多い。もちろん迂回策として、WordSmith Tools のように go/went/gone など変化形を列挙させることで複合検索ができるものや AntConc, MonoConc Pro, CasualConc のように正規表現 (regular expression) を使った文字列検索パターンを書ければ、複数の活用形を一度に取ってくることができるが、ある程度の専門的な知識が必要になる。しかし、これらを学習者に提示して帰納的に文法ルールを提示する Data Driven Learning (DDL) の効用なども研究されている (第 3 章参照)。

2.2.3. コロケーション情報を得る

3 つめの大きな機能はコロケーションの抽出である。英語教員であれば、単語そのものよりもその使い方に関する情報を学習者に提供したいと思うものである。その際に、ある単語 A とよく結びつく単語グループ B を知りたいといったニーズがある。特に A が動詞であれば B は後ろに来る名詞であったり、自動詞ならば前置詞であったりするだろう。A が名詞であれば、B は直前の形容詞という場合もある。このようにある検索語と共起する単語グループをリスト形式で左右のスパン (1 語〜 5 語など) を決めて抽出し、一覧にする機能がコロケーション・テーブルである。図 2 は AntConc で go の右 1 語のコロケーション・テーブルを表示した例である。

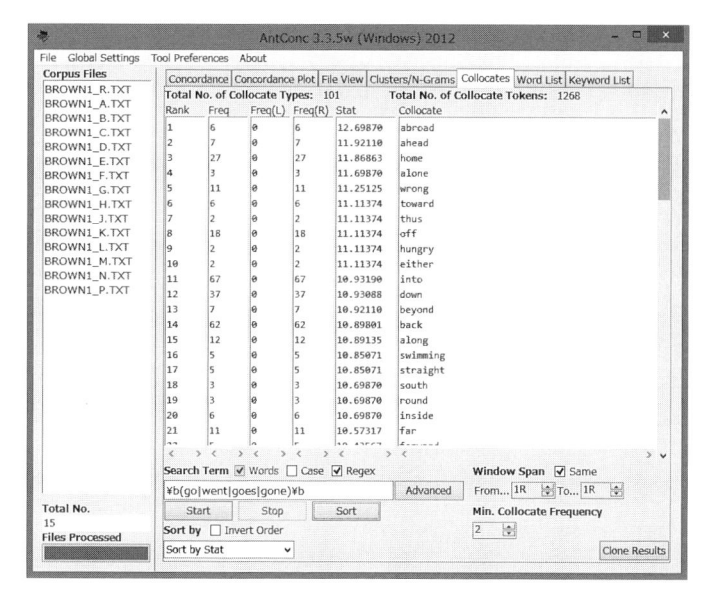

図 2. コロケーション・リスト画面 (AntConc)

　コロケーションのリストにはたいてい共起頻度以外に共起の強さを表す統計値が添えられていることが多い。これらを利用すると go の後に来る単語のうち and のようにどんな単語ともよく共起する語は避けて、図 2 の上位に来ているような go のフレーズとして有意味なセットを抽出することができる。このような有用なコロケーションの提示と指導は言語教育においても広くその効果が論じられている (Kennedy 2003; Webb and Kagimoto 2011; Daskalovska 2013)。

2.2.4. 単語の連鎖情報 (n-gram) を得る

　コロケーションとは別に、単語の連鎖 (sequence) の情報に n-gram がある。通例、コロケーション情報は「動詞＋名詞」、「形容詞＋名詞」のように文法的な枠が前提にあって、ある単語 A とどんな単語が共起するか、ということが関心事なのだが、n-gram の場合には単語 A を含む n 語のフレーズを抽出することになる。このようなフレーズは専門用語では、チャンク (chunk)、multi-word unit (MWU)、lexical bundle など異なる名称

で表されることがあるが、n-gram はこれらの特徴的な連鎖を抽出する方法だと言える。

汎用コンコーダンサーの中でコーパス全体から n-gram を抽出できるものは表1を参照のこと（「フル機能」とあれば可能）。図3は100万語のBrown Corpus の3語連鎖(trigram)の例。

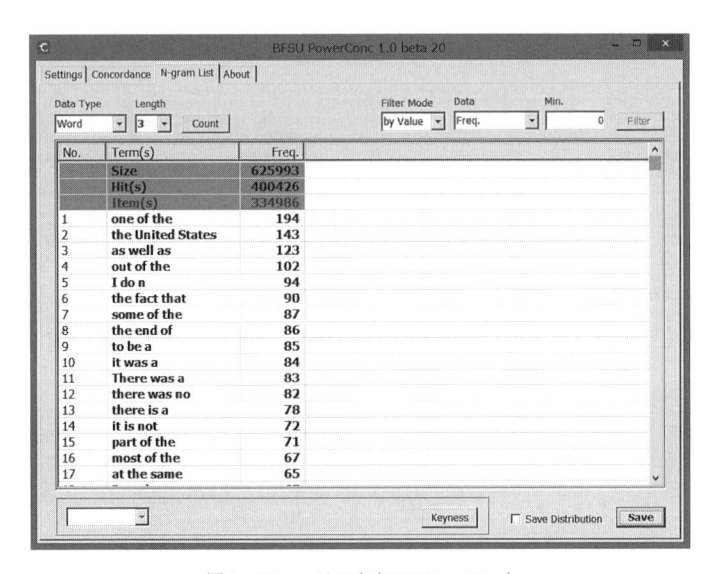

図 3. N-gram リスト (BFSU PowerConc)

このような単語のコロケーションと連鎖情報をもとにした教材の具体例として 2003–2005 年に NHK テレビ語学講座で放映された『100 語でスタート！　英会話』が知られている (Tono 2011)。

2.2.5.　キーワード分析

汎用コンコーダンサーで比較的普及している機能の1つにこのキーワード抽出機能がある。キーワード分析 (Keyword Analysis) とは、調査対象のテキストに出現する単語頻度リストを無色の参照コーパス (reference corpus) の単語頻度リストと相対的に比較し、参照コーパスに比して統計的に有意に高頻度に出現する単語群を抜き出す、という手法である。

これによって、分析対象のテキストに特徴的な単語の一覧を抽出でき、そのテキストの内容分析や文体分析に資することができる。

　教育利用では、キーワードを用いた分野別語彙表の作成などが考えられる。英語教育では ESP, EAP などの研究に Academic Word List (Coxhead 2000; 2011)、New Academic Vocabulary List (Gardner and Davies 2013) などがあるが、それらの作成工程でも分野別コーパスからの特徴語抽出の手法が利用されている。

2.3.　Web によるコーパス検索システム

　2.2 では汎用コーパス検索ツールでできることを概観してきた。汎用コーパス・ツールは小規模のデータには向いているが、1 億語以上のデータになると検索時間は非常に長くかかり、実用上支障が出てくる。いくつかのソフト (MonoConc Pro, WordSmith Tools, CasualConc など) は大規模データをデータベース形式に変換する処理をおこない速度を上げることができるが、実際の処理に要する時間は実用レベルではない。

　現状では web 上で検索できるコーパスが大量に利用でき、これらの多くが大規模データを高速に検索する技術を駆使している。教育利用という観点から主要なコーパス検索サイトを紹介する。なお、特記しない限り、無償で利用できるものを中心に紹介する。

2.3.1.　Mark Davies (BYU) のコーパス・サイト (http://corpus.byu.edu)

　Brigham Young 大学の Mark Davies の構築したコーパス・サイトでは以下のコーパスが利用できる (スペイン語や Google Books は除く)。

(a)　Global Web-Based English (GloWbE)
　　　19 億語 (2012–13 年); 20 カ国の英語を web で収集
(b)　Corpus of Contemporary American English (COCA)
　　　4.5 億語 (1990–2012 年); アメリカ英語
(c)　Corpus of Historical American English (COHA)
　　　4 億語 (1810–2009 年); アメリカ英語

(d) TIME Magazine Corpus
1 億語（1923–2006）；アメリカ英語
(e) British National Corpus（BYU-BNC）
1 億語（1980s–1993）；イギリス英語
(f) Corpus of American Soap Operas
1 億語（2001–2012）；アメリカ英語
(g) Wikipedia Corpus
19 億語（–2014）；英語 Wikipedia のデータ
(h) Hansard Corpus（British Parliament）
16 億語（1803–2005）；英国議会議事録のデータ

Mark Davies はもともとスペイン語・ポルトガル語のコーパス研究が専門であるが、イギリス英語の British National Corpus をもとに SQL によるデータベース形式でのコーパス検索サイトとして 2000 年代初めに BYU-BNC をリリース、その後、BNC と対比する目的で、アメリカ英語の大規模均衡コーパス COCA を構築した。Web コーパス構築の動きは他にもあるが、Mark Davies のサイトはコーパスの設計デザインが緻密で、「話し言葉（spoken）」、「フィクション（fiction）」、「雑誌（magazine）」、「新聞（newspaper）」、「学術論文など（academic）」といったサブコーパス構造が明確で、これらとテキストの出版年代を掛け合わせてサブコーパス分布をチャートで示すなど直観的でわかりやすいインタフェースが特徴。ただし、検索方法は多機能なので習熟が必要で、データの著作権の関係で例文も 2 万件までに制限されている。図 4 は COCA で America という単語を検索し、サブコーパスの相対頻度の棒グラフのチャートを表示したところ。このように大規模コーパスから簡単に用例を閲覧したり、テキスト・タイプごとの使用状況を概観するには大変有用なツールである。

投野由紀夫

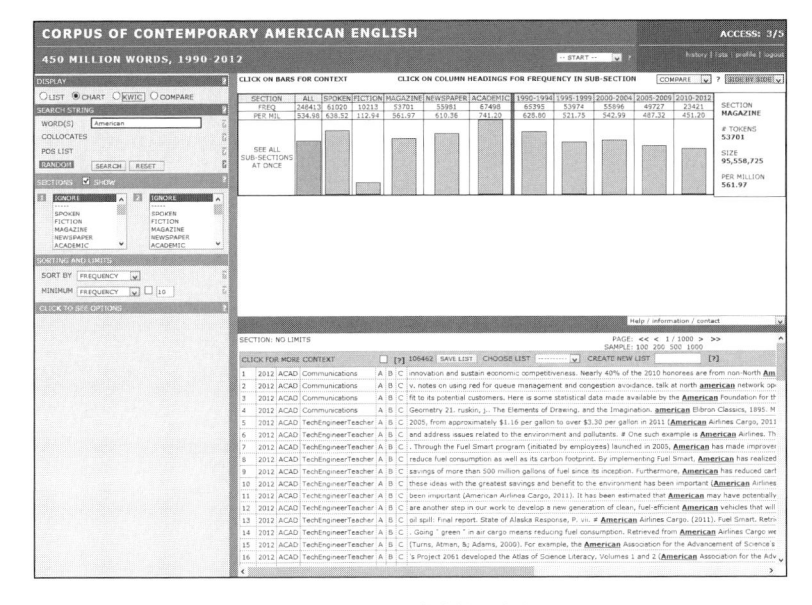

図 4. COCA の検索結果画面

2.3.2. Just The Word (http://www.just-the-word.com)

　BNC に基づく検索サイトの 1 つで、当該単語のコロケーション・パターンが瞬時に検索、一覧できる。たとえば、look と入力して [combinations] というボタンを押すと、図 5 のような表が現れる。右コラムに look (N) = 名詞形と look (V) = 動詞形のリストが現れて、そこをクリックすると該当するコロケーションのパターン一覧にジャンプする。コロケーションは意味ごとに cluster というまとまりを形成していて、右側に付されている棒グラフはコロケーション統計の t-score を表している。注意が必要なのは、コロケーションのフレーズのセットは必ずしも完全なフレーズ要素を実現しているわけではない点である。たとえば、図 5 の cluster 1 の 1 つめの cast look (42) は cast look という言い方をそのまま使うと考えるのではなく、cast (V) + look (N) という共起パターンと考える。実際の用例はこのフレーズをクリックすると、別ページに BNC からの用例が閲覧でき、cast a look の形式で用い、cast と look の間に形容詞がいろいろ来ることが観察できる (図 6)。

VIII　教育利用のためのコーパス情報とツールの活用

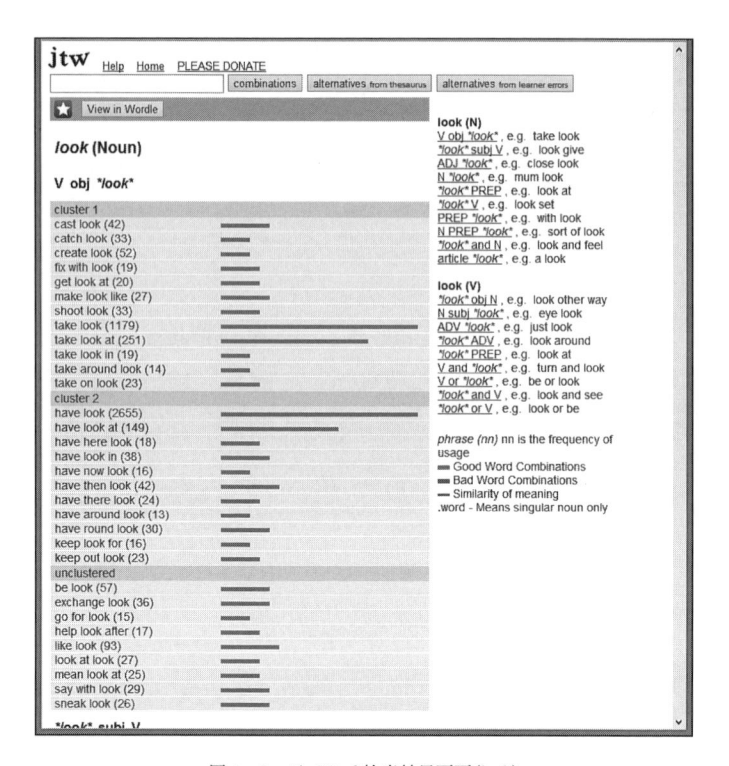

図5. Just The Word 検索結果画面 (look)

　Just The Word にはコロケーション・リストから word cloud を作る可視化モジュールも備えており、Wordle (http://www.wordle.net) という外部ソフトと連携してこれを実現している。図7は look のコロケーションを図示したものであるが、have a look, take a look などの冠詞がない点が気になるが、全体的にどういうコロケーションを学習項目にすればいいかが直観的にわかるという点では教育に役立つヒントが隠されている。

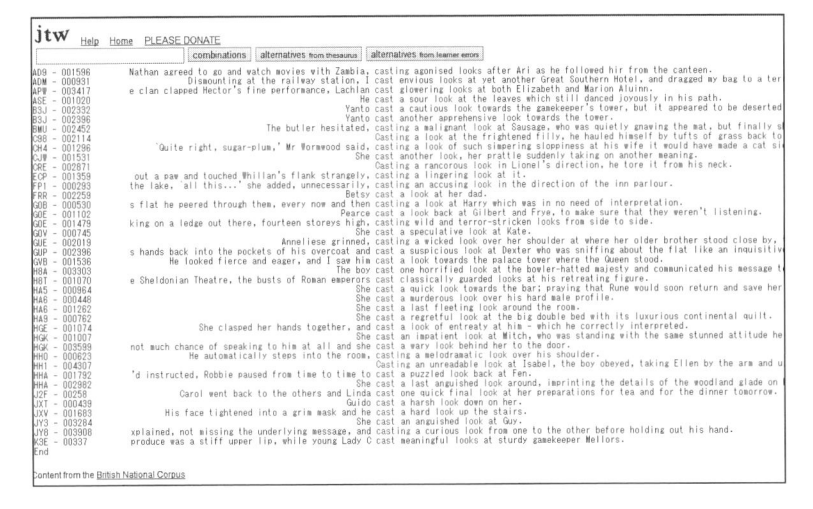

図 6. Just The Word(cast look の用例画面)

図 7. look のコロケーションの word cloud

VIII 教育利用のためのコーパス情報とツールの活用

2.3.3. Phrases in English (http://phrasesinenglish.org)

BNC をベースにしたもう 1 つの便利な検索サイトが Phrases in English である。これは US Naval Academy の Bill Fletcher が設計したもので、BNC をベースにした n-gram 統計を抽出できるサイトである。大別すると単語 n-gram を検索する *N-grams*、品詞 n-gram を検索する *PoS-grams*、文字 n-gram を検索する *Char-grams* の 3 つがある。1 億語規模のデータで汎用コンコーダンサーを使って n-gram を作るのは非常に時間がかかるので、このような高速に検索できるサイトがあるのは大変ありがたい。N-grams のページでは何個組み (n = 1–8) かを指定し、Query ボタンを押せばすぐに n-gram リストが得られる。図 8 は 4-gram を抽出した画面。

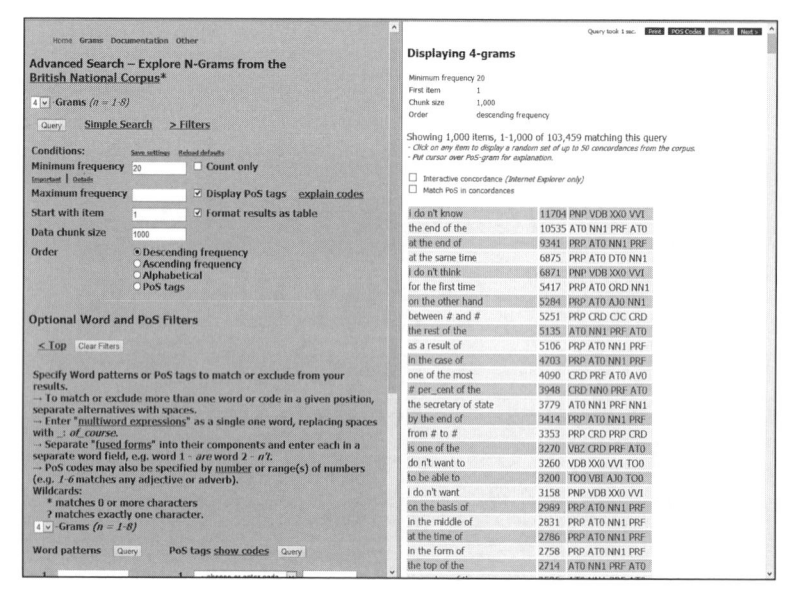

図 8. Phrases in English の N-grams で 4 個組みを抽出した画面

右側に出力された 4 語のフレーズのどれかをクリックすればその組み合わせの BNC からの用例が 50 件閲覧できる。このようにして BNC からのフレーズ検索が高速に出来る仕様になっている。この n-gram 検索にフィルター機能を付与して 4 語の連鎖の一番最初を動詞にするなどの

処理が可能。自分のお目当ての n-gram を品詞で最初から決め打ちにして探すこともできる。PoS-grams の場合は、たとえば 3-grams と指定すると AT0-AJ0-NN1（冠詞＋形容詞＋名詞）、PRP-AT0-NN1（前置詞＋冠詞＋名詞）などの品詞連鎖が頻度順に列挙され、該当する例文を見ることができる。

　最後にもう 1 つこのサイトの大きな特徴は Phrase-frames という機能である。たとえば、n-gram を観察すると、n 語の連鎖の 1 語だけがいろいろな単語になるがそれ以外は固定しているというような連鎖に大量に遭遇する。その場合は in the * of のように可変部分を明示して整理した方がフレーズとしては有用度が高い。Phrase-frames はそれを実現したものである。図 9 に Phrase-frames で 4-gram を抽出した画面を示す。

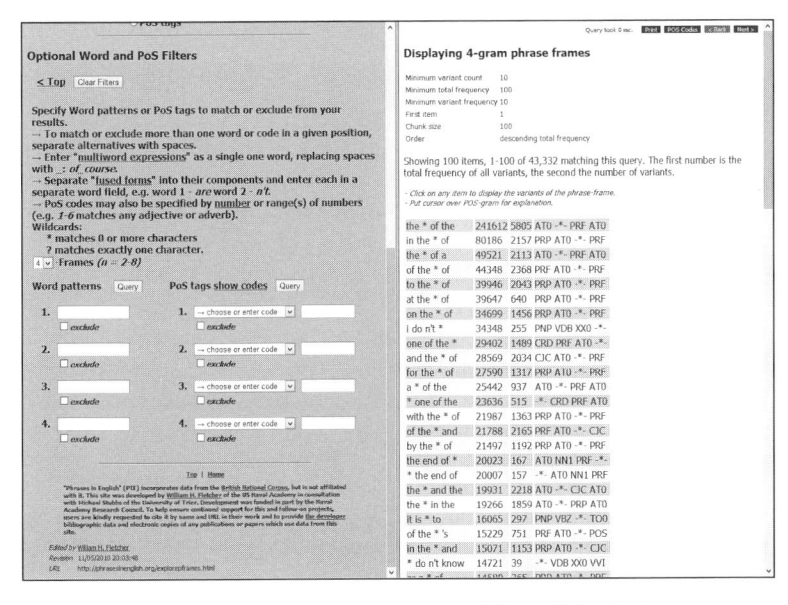

図 9.　Phrases in English の Phrase-frames で 4 個組みを抽出した画面

　右側のリストが the * of the、in the * of のように重なりをまとめて整理したリストになっていることに注目されたい。ここをクリックするとそれぞれアスタリスクの可変部分に出現する単語がすべて頻度順にリスト

VIII　教育利用のためのコーパス情報とツールの活用

される。

　このような Phrase-frame（P-frame ともいう）に関する情報が容易に検索できれば、チャンクの指導もより構造を意識したレベルまで引き上げることができ、教材作成や指導に有効な情報を提供するであろう。なお、この P-frame に関しては Bill Fletcher が一般のテキストに対して処理が可能なように kfNgram というスタンドアローンのツールを公開している（http://www.kwicfinder.com/kfNgram/kfNgramHelp.html）。またほぼ同様の機能は Chris Grieves の ConcGram（Grieves 2009）でも実現できる。

2.3.4.　その他の web 検索による主要英語コーパス

　ここでは今まで紹介した以外の web 検索インタフェースを持つ代表的なコーパスを挙げ、その特徴を短くまとめておく。特に代表的均衡コーパスとして基準に挙げられる BNC、そのライバル的な存在だった Collins Wordbanks、といった大規模コーパス、および英語教育に特に有用な特殊コーパス（学習者コーパス、ESP/EAP コーパスなど）に関して述べる。

(a) BNCWeb (CQP Edition)
http://bncweb.lancs.ac.uk/cgi-binbncXML/BNCquery.pl?theQuery=search&urlTest=yes

　BNC に基づいたデータベース型の検索サイトとして、BYU-BNC、Just The Word、Phrases in English を紹介したが、BNC 本体を精密に検索する場合にはこのサイトがよい。特に BNC1億語を構成する約 4000 のテキストに付与されている詳細なメタ情報を存分に駆使した検索をできるのが BNCWeb の最も強力な機能である。

(b) Collins Wordbanks Online
http://wordbanks.harpercollins.co.uk/auth/?module=login

　Collins の提供するコーパス検索サービスで年間 10 人以下だと 695 ポンドかかる。COBUILD Project で利用された Bank of English の一部と

2001–2005 年の間に収集されたテキストからなる。ソースは明らかにされていないが、8 地域の英語変種が含まれ、全体で 5 億 5000 万語のデータとされる。インタフェースは Sketch Engine（後述）を使用している。

(c) Shogakukan Corpus Network
- BNC: http://bnc.jkn21.com/　　（有料）
- Wordbanks: http://wordbanks.jkn21.com/　　（有料）
- JEFLL Corpus: http://scn.jkn21.com/~jefll03/　　（無料）
- PERC Corpus: http://scn.jkn21.com/~perc04/index_j.html　　（無料）

小学館が提供するコーパス検索サービス。BNC と Collins Wordbanks Online という 2 大参照コーパスを同一の日本語インタフェースで検索できる世界初のポータル・サイト。語句検索、品詞検索、共起検索、単語リストという 4 つのタブメニューで汎用コンコーダンサーの行うほとんどの操作を行える。また柔軟な品詞・見出し語検索ができるのでそれらを駆使したコロケーション分析が特に強力である。小学館はこの 2 つのコーパス以外に、1 万人の中高生による英語学習者作文コーパス JEFLL Corpus、および科学技術論文コーパス PERC Corpus の 2 つについては無償で検索システムを公開している。

(d) MICASE & MICUSP
- Michigan Corpus of Academic Spoken English（MICASE）
  http://quod.lib.umich.edu/cgi/c/corpus/corpus?c=micase;page=simple
- Michigan Corpus of Upper-Level Student Papers（MICUSP）
  http://micusp.elicorpora.info/

米国 Michigan 大学が提供するアカデミック英語のコーパス。Rita Simpson および Ute Römer が中心で構築した。MICASE は多分野の約 200 時間分の話し言葉（講義、ディスカッション、ゼミ、個人の論文指導など）総計 180 万語を収集したもので、MICUSP は学生の書いた A 評価の論文など 830 件、約 260 万語からなる。専用の web 検索インタフェースを備える。MICASE の場合はコーパス本体や音源を購入可能。現在では、

プロジェクトが終結し、中心メンバーが他大学へ移動したため継続したメンテナンスはされておらず、検索サイトがオープンになっているのみである。

(e) BASE & BAWE
- British Academic Spoken English
- British Academic Written English

BASE は英国 Warwick 大学と Reading 大学の共同研究で、Hilary Nesi と Paul Thompson が中心的役割を果たした。2000–2005 年の間にコーパス整備が行われ、160 の講義と 40 のゼミからデータを収集。約 160 万語のコーパスになっている。BAWE は 2,761 件の学部生・大学院生の作文・レポートからなっており、分野も人文、社会、生命科学、自然科学など広範囲にわたっている。どちらのコーパスも Oxford Text Archive で入手可能で、かつ Sketch Engine の無償版 (https://the.sketchengine.co.uk/open/) で検索が可能。

3. 汎用コンコーダンサー以外のツール群

さて 2 節では汎用コンコーダンサーおよび web によるコーパス検索・分析を概観した。どちらの場合もテキストに対してユーザー側で特別な加工を施さなくとも利用できるモードを中心に解説した。しかし実際は英語教育の研究用データとしてのコーパスにはさまざまなテキスト加工をユーザー側で行っていかないといけない場合が頻繁にある。ここではそのような加工を助ける道具立てとして、web によるテキスト自動収集 (3.1 節)、データの形態素解析 (3.2 節)、より複雑なアノテーション付与 (3.3 節)、抽出データの多変量解析 (3.4 節) に関して概観する。

3.1. Web によるテキスト自動収集

コーパスの構築自体を自分で行う場合に、案外知っておくと便利なのが web を自動でクローリングしてテキストを収集するツールである。

ホームページの自動巡回・保存ソフトは crawler または spider と呼ばれる一般的なツールであるが、コーパスに特化したものとしては The BootCaT (Bootstrap Corpora And Terms from the Web; http://bootcat.sslmit.unibo.it/?section=home) がある。これは自分が収集したいテーマやトピックに沿ったキーワードをシード語 (seed word) として与えそれを探すように web を自動巡回し、収集したテキストをさらに HTML タグおよびメニューや広告類などの不要部分を削除するなどのクリーニングまでをやってくれる。

　The BootCaT frontend を用いると、一連の perl や java のスクリプトをコマンドラインで実行せずに、GUI で処理することが可能だ。ただ version 0.6 と開発途上であるので、Unicode のサポートはしていない。また巡回途中で停止してしまったり、クリーニングは完璧ではないので、メニューの単語列や広告などのゴミが残る場合がある、といった難点がある。しかし、短時間で数千万語規模のデータを比較的簡単に収集できるため、専門分野コーパスや用語の収集などを教育用に行いたい場合には便利なツールである。

　1 例として、オリンピックに関するシード (Olympic Game, Tokyo, Madrid, Istanbul, IOC の 5 語) をもとに 3 語ずつの tuple (組み) を作成、tuple ごとに 100 個の URL を Bing API を利用して収集し、約 600 あまりのサイトから 90 万語程度の「東京オリンピック招致」コーパスを作るのに、20 分ほどで済んだ (図 10)。このようなトピックを限定したコーパス作成は一般的な用途には向かないが、特定のテーマでライティングをさせる場合などに、辞書代わりにオリンピックの英文を大量にコーパスとして与えて、そこから表現を探しながら作文させたりすることが可能である。特に分野に特化した ESP/EAP などの用途には威力を発揮するだろう。

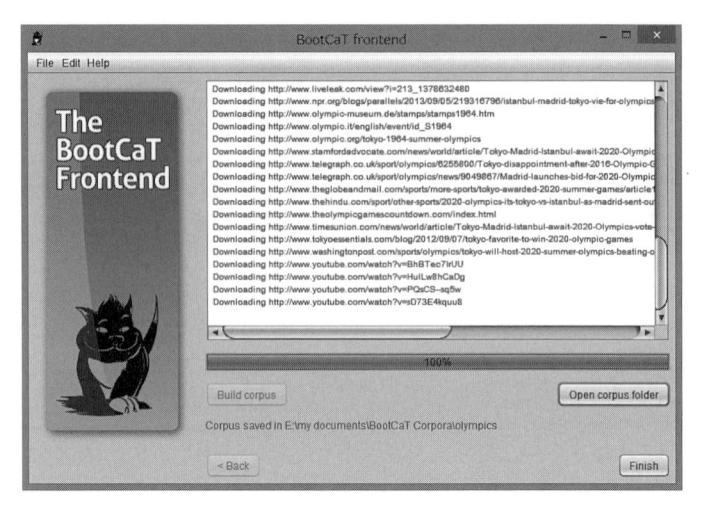

図 10. The BootCaT frontend のコーパス構築終了画面

3.2. テキストの形態素解析

自分の持っているテキストに既存コーパスと同様、品詞情報や見出し語情報を付与したいという場合がある。その際には以下のような品詞タグ付与プログラム（POS tagger）を利用するとよい。

(a) GoTagger (http://web4u.setsunan.ac.jp/Website/GoTagger.htm)

摂南大学の後藤一章氏の作成した Windows ベースの品詞タグ付与ツール。実際は米国でよく用いられた通称 Brill's Tagger の GUI。直観的操作で品詞タグを付与することができる。タグ付与形式として the_DT または the/DT (DT は determiner のタグ) を選択可能。さらに文区切りのついていないテキストに自動で文区切りを入れる処理や、染谷泰正氏の e_lemma.txt (ver. 1) で見出し語化をおこなう処理も可能。

(b) Wmatrix (http://ucrel.lancs.ac.uk/wmatrix/)

英国 Lancaster 大学の Paul Rayson が開発したコーパス分析ツール。年間ライセンスで使用料がかかる。テキストをアップロードすると、Tag Wizard という機能で自動的に CLAWS による品詞タグ付け＋見出し語化、

USAS による意味タグが各単語に付与される。かつ自分のテキストのさまざまな頻度リスト(表層形、品詞タグ、見出し語、意味タグ)が自動生成され、大きな参照語彙表との比較が多面的にできる。当然、処理したテキストや語彙表はすべてダウンロードして他のツールによる分析が可能。テキスト間のキーワード分析を多面的に行うには理想的な環境である(図 11)。

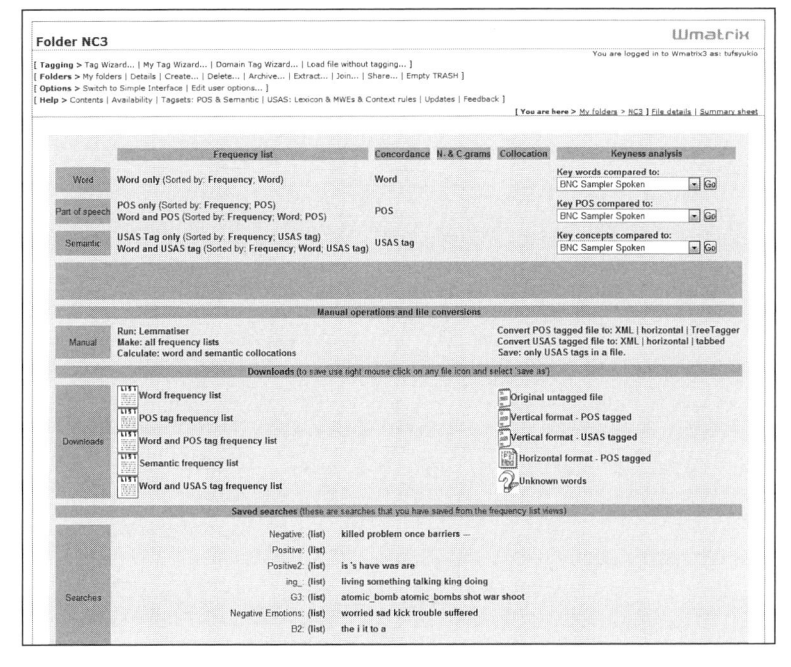

図 11. Wmatrix の分析ツール操作画面

(c) TreeTagger
(http://www.cis.uni-muenchen.de/~schmid/tools/TreeTagger/)

現在フリーの品詞タグ付与ソフトで世界的に最も普及しているもの。Linux, Mac, Windows に対応。ただし原則は terminal モードでの CUI ベースでの利用。2014 年、AntConc の作者 Laurence Anthony 氏が TreeTagger を GUI で使える TagAnt というツールを公開した(http://www.

laurenceanthony.net)。通例、「表層形－品詞－見出し語」という 1 単語 1 行形式の縦型フォーマット (vertical format) のタグ付けデータが出力され、それを適宜加工することになる。また chunker 機能をアドオンで付加することで名詞句・動詞句を特定するタグ付けも行える。一般に CLAWS よりも高速である。

(d) Sketch Engine (https://the.sketchengine.co.uk/)

　現在、世界最大のコーパス・ポータル。有料（年間使用料 50 ポンド）であるが、Sketch Engine を利用すれば 100 以上の世界中の多言語コーパス（2013 年 5 月現在 52 言語）を利用でき、英語などの主要言語に関しては 100 億語以上のギガコーパスに快適にアクセスできる。それだけではなく、前述の BootCaT frontend と同じ機能をツール内に有しており、自作コーパスを web 巡回で半自動生成し、Sketch Engine の諸機能が使えるようになるまでコーパス整備をほぼ自動でしてくれるという優れものである。もちろんその過程で自分の所有しているテキストをアップロードして、タグ付けや Word Sketch などの解析にかけることが可能。タグ付けしたデータはすべてダウンロードできるから、上記の形態素解析ツールと同等の機能で使うことも可能である。

3.3. 高度のアノテーションを行うツール

　自動でタグ付与を行う場合はそれに適したツールを探せば良いが、実際自動タグ付与は品詞や構文解析、一部の意味タグなどに限られており、学習者データのエラータグ付与などを自動化するのはまだ困難である。教育利用を考えると、自分のデータに研究教育上必要なタグを付与して、そのデータを集計・分析することが多い。このような処理に適したツールを紹介する。

(a) UAM Corpus Tool (http://www.wagsoft.com/CorpusTool/)

　Universidad Autónoma de Madrid (UAM) の Mick O'Donnell が開発したアノテーション・ツール。2008 年に初期版が出来て以降、徐々にグレード

アップされてきた。基本的にはテキストをこのツールに読み込ませて、自分で設計したタグ・セットに従ってタグ付けが簡単に行え、かつそのタグの集計を複雑なレイヤーを組み合わせて柔軟に行うことができる。たとえば、生徒の書いたライティングのエラー分析をする際に、clauseの種類をタグ付けしておき、かつ動詞補部のエラーのタグ付けができておれば、関係代名詞に導かれる関係節内での動詞補部のエラーだけを集計したりできる。実際の操作はマニュアルを見ながら習熟が必要であるが、一度詳しくタグ付けしたデータはアノテーション部分が多層のXMLファイルの束として管理でき、他のXML処理ツールにもエクスポートでき、柔軟性が高い。

(b) MMAX2 (http://sourceforge.net/projects/mmax2/)

XMLのスタンドオフ・アノテーション（元のテキストにタグを埋め込まないで別ファイルでアノテーション情報を保持するタイプ）用のソフトウェア。特に文レベルを超えた談話レベルでのアノテーションがGUIで可能で、通常のXMLの文法では難しいタグの交差するような付与も層化したタグ・セットと層別のXMLファイルを用意することで柔軟に対応できる。

3.4. 抽出データの多変量解析

抽出した頻度データを整理・統合したり、解釈したり意味づけたりするためには統計プログラムの利用が必須である。コーパス言語学の分野では一度に多くの単語・品詞およびサブコーパスの組み合わせを処理するために多変量解析の手法がよく用いられる。コーパス・データの処理と分析の実際はBaayen (2008)、Gries (2009) が内容は高度だが格好のテキストである。また日本語で書かれたものでは石川他 (2010) が入門書として優れている。

コーパス分析ツールと統計処理を高度に組み合わせたプログラムとしてユニークな存在がKH Coder (http://khc.sourceforge.net) である。デフォルトは日本語処理用であるが、英語の処理もwebサイトにあるヘルプ

を見ながら設定を変更すれば可能である。英語の処理に関しては Stanford Parser での解析結果を MySQL に格納して、そこからさまざまなクエリー結果を返すほか、統計 R にエクスポートして統計処理とグラフィックを表示する統合環境を提供する。データマイニングのステップをそのままプログラムにしたような仕様は非常に使いやすく、実装している多変量解析のツール群（クラスター分析、ネットワーク分析、自己組織化マップ、MDS、対応分析など）も豊富で、統計 R と連携したもので強力なグラフィック機能を有する。

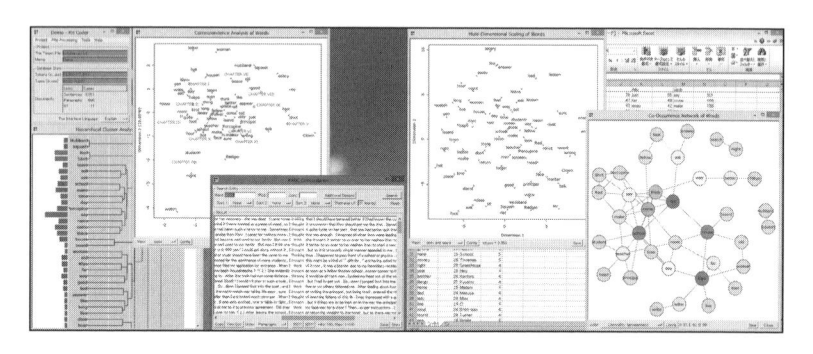

図 12. KH Coder による分析画面

KH Coder に習熟すれば、基本的なテキストマイニング的なデータ処理に関してはこのソフトだけでかなりカバーするであろう。本格的には R そのものの専門書（特に金 2007；山田他 2008；青木 2009 など）、またはその簡易版である神田善伸氏の EZR（神田 2012）などを用いる必要があろうが、一般の言語教育に携わる教員や研究者で統計活用の基礎ツールとしては KH Coder は大変ありがたいツールである。

4. おわりに

本章では、教育利用のためのコーパス情報とツールということで、汎用コンコーダンサー、web 検索システムといったコーパス検索ツールの基本的な道具立てを説明し、かつ、コーパスからどのような情報が切り

出せるのか、その情報は教育的にはどのような効用があると言われ、また実証的な研究はされているか、などをまとめてみた。さらに3節では自分でより詳しいテキスト分析をすることが必要な場合にどのような方法を一般に用いるかを紹介しつつ、それらを支援するツール群の紹介を行った。

　切り出された情報が教育的にどのような意味や有用性があるかは、対象となるユーザーや教育目的によって異なる。ただ、コーパス情報が非常に多岐にわたる情報を提供し、それらが比較的容易にアクセスできる情報であるとわかれば、言語教育の現場の教員がそれらをさまざまに加工して教材化することは可能であろう。実際に教育利用を考慮に入れたインタフェースの研究はユーザービリティという分野で非常に盛んになってきており、コーパス情報のユーザービリティ研究も今後重要な研究分野となってくるにちがいない。

参考文献

青木繁伸(2009)『Rによる統計解析』オーム社.

Baayen, R. Harald. (2008) *Analyzing Linguistic Data: A Practical Introduction to Statistics Using R*. Cambridge: Cambridge University Press.

Coxhead, Averil. (2000) A New Academic Word List. *TESOL Quarterly* 34 (2): 213–238.

Coxhead, Averil. (2011) The Academic Word List 10 Years on: Research and Teaching Implications. *TESOL Quarterly* 45 (2): 355–362.

Daskalovska, Nina. (2013) Corpus-based versus traditional learning of collocations. *Computer Assisted Language Learning*. http://dx.doi.org/10.1080/09588221.2013.803982.

Gardner, Dee and Mark Davies. (2013) A New Academic Vocabulary List. *Applied Linguistics*, first published online August 2, 2013 doi: 10.1093/applin/amt015.

Gries, Stefan Th. (2009) *Quantitative Corpus Linguistics with R: A Practical Introduction*. London: Routledge.

Grieves, Chris. (2009) *ConcGram 1.0*. Amsterdam: John Benjamins.

石川慎一郎(2008)『英語コーパスと言語教育』大修館書店.

石川慎一郎・前田忠彦・山崎誠(2010)『言語研究のための統計入門』くろしお出版.

石川慎一郎(2012)『ベーシックコーパス言語学』ひつじ書房.

神田善伸(2012)『EZRでやさしく学ぶ統計学』中外医学社.

Kennedy, Graeme. (2003) Amplifier Collocations in the British National Corpus: Implications for English Language Teaching. *TESOL Quarterly* 37 (3) : 467–487.

金明哲(2007)『Rによるデータサイエンス』森北出版.

Tono, Yukio. (2011) TaLC in action: recent innovations in corpus-based English language teaching in Japan. Ana Frankenberg-Garcia, Lynne Flowerdew and Guy Aston (Eds.) *New Trends in Corpora and Language Learning*, pp.3–25. London: Continuum.

投野由紀夫・金子朝子・杉浦正利・和泉絵美(編著)(2013)『英語学習者コーパスハンドブック』大修館書店.

Webb, Stuart and Eve Kagimoto. (2011) Learning Collocations: Do the Number of Collocates, Position of the Node Word, and Synonymy Affect Learning? *Applied Linguistics* 32 (3) : 259–276.

山田剛史・杉澤武俊・村井潤一郎(2008)『Rによるやさしい統計学』オーム社.

執筆者紹介

監修

堀正広（ほりまさひろ）
熊本学園大学外国語学部教授
主な著書 ── *Investigating Dickens' Style: A Collocational Analysis* (Palgrave Macmillan, 2004)、『英語コロケーション研究入門』(研究社、2009) など。

赤野一郎（あかのいちろう）
京都外国語大学外国語学部英米語学科教授
主な編著書 ──『ウィズダム英和辞典』〔共編〕(三省堂、初版 (2003)、第 2 版 (2007)、第 3 版 (2013))、『英語教師のためのコーパス活用ガイド』〔共編著〕(大修館書店、2014) など。

執筆者
＊印は本巻編者

投野由紀夫＊（とうのゆきお）
東京外国語大学大学院総合国際学研究院教授
主な編著書 ── *Corpus-Based Language Studies: An Advanced Resource Book*〔共著〕(Routledge, 2006)、*Developmental and Crosslinguistic Perspectives in Learner Corpus Research*〔共編〕(John Benjamins, 2012) など。

中條清美（ちゅうじょうきよみ）
日本大学生産工学部教授
主な論文 ──「英語教科書コーパスの構築と利用―先行研究の概観―」(『英語コーパス研究』22、2015)、"A Corpus and Grammatical Browsing System for Remedial EFL Learners" (*Multiple Affordances of Language Corpora for Data-Driven Learning*〔共著〕, John Benjamins, 2015) など。

羽山恵 (はやまめぐみ)

獨協大学外国語学部准教授

主な著書——『英語学習者コーパス活用ハンドブック』〔共著〕（大修館書店、2013）、『中学英語いつ卒業？―中学生の主語把握プロセス―』〔共著〕（三省堂、2015）など。

成田真澄 (なりたますみ)

東京国際大学言語コミュニケーション学部教授

主な編著書——「コーパスに基づく第二言語習得研究」（『第二言語習得研究の現在―これからの外国語教育への視点―』〔共編著〕、大修館書店、2004）、「言語とコンピュータ」（『言語の事典』〔共著〕、朝倉書店、2005）など。

石川慎一郎 (いしかわしんいちろう)

神戸大学大学教育推進機構／大学院国際文化学研究科教授

主な著書——『ベーシックコーパス言語学』（ひつじ書房、2012）、『日本語教育のためのコーパス調査入門』〔共著〕（くろしお出版、2012）など。

小山由紀江 (こやまゆきえ)

名古屋工業大学大学院工学研究科教授

主な著書・論文——『かわる世界の学校』〔共著〕（法律文化社、1997）、「科学技術コーパスの分析に基づくアイテム・バンクの構築と潜在ランク理論によるコンピュータ・アダプティブ・テストの試行」（『統計数理研究所共同研究リポート』295、2013）など。

金子恵美子 (かねこえみこ)

会津大学語学研究センター教授

主な論文——"On the Motivation of Science Majors Learning English as a Foreign Language: A Case Study from Japan" (*OnCue Journal* 6(2), 2012)、"Quasi-neutralization in the Acquisition of English Coronal Fricatives by Native Speakers of Japanese"〔共著〕(*Journal of Second Language Pronunciation* 1 (1), 2015) など。

英語コーパス研究シリーズ　第2巻
コーパスと英語教育

The Hituzi Companion to English Corpus Studies
Corpus and English Education (Volume 2)
Edited by Yukio Tono
(Supervised by Masahiro Hori and Ichiro Akano)

発行　―――― 2015年10月1日　初版1刷
定価　―――― 3200円＋税

監修者　―――― 堀正広・赤野一郎
編者　　―――― 投野由紀夫
発行者　―――― 松本功
ブックデザイン ―― 中野豪雄＋川瀬亜美（株式会社中野デザイン事務所）
印刷所　―――― 三美印刷株式会社
製本所　―――― 株式会社星共社
発行所　―――― 株式会社ひつじ書房
　　　　　　　　112-0011 東京都文京区千石 2-1-2 大和ビル 2F
　　　　　　　　tel 03-5319-4916 fax 03-5319-4917
　　　　　　　　郵便振替 00120-8-142852
　　　　　　　　toiawase@hituzi.co.jp　http://www.hituzi.co.jp/

ISBN978-4-89476-712-6　C3080

造本には充分注意しておりますが、落丁・乱丁などがございましたら、
小社かお買上げ書店にておとりかえいたします。
ご意見、ご感想など、小社までお寄せ下されば幸いです。

[刊行物のご案内]

言語研究のための正規表現によるコーパス検索
大名力 著　　定価 2,800 円＋税

言語研究・言語教育にも大いに役立つが難解な正規表現を、基礎から上級まで段階的に解説し、コーパス検索に正規表現を活用できるようになることを目指す。

ベーシックコーパス言語学
石川慎一郎 著　　定価 1,700 円＋税

英語と日本語コーパスの両者に目配りしつつ、コーパス構築の理念やコーパスを生かした言語研究の方法について、コーパス言語学を初学者にも分かりやすく平易に解き明かす。

概説コーパス言語学　　手法・理論・実践
トニー・マケナリー、アンドリュー・ハーディー 著　石川慎一郎 訳
定価 3,800 円＋税

類書にない幅広い視点から、コーパス言語学の本質と展望を俯瞰した斬新な入門書。巻末には詳細な用語解説も用意されており、言語学全般の入門用教科書としても最適。(Tony McEnery & Andrew Hardie 著、Corpus Linguistics（CUP, 2012）の全邦訳）

○ひつじ意味論講座 ○

澤田治美 編
各巻　定価 3,200 円 + 税

第 1 巻　語・文と文法カテゴリーの意味

第 2 巻　構文と意味

第 3 巻　モダリティ I：理論と方法

第 4 巻　モダリティ II：事例研究

第 5 巻　主観性と主体性

第 6 巻　意味とコンテクスト

第 7 巻　意味の社会性

◯英語コーパス研究シリーズ◯

堀正広・赤野一郎 監修
各巻　予価 3,200 円＋税

第 1 巻　コーパスと英語研究
堀正広・赤野一郎 編

第 2 巻　コーパスと英語教育
投野由紀夫 編

第 3 巻　コーパスと辞書
赤野一郎・井上永幸 編

第 4 巻　コーパスと英文法・語法
深谷輝彦・滝沢直宏 編

第 5 巻　コーパスと英語文体
堀正広 編

第 6 巻　コーパスと英語史
西村秀夫 編

第 7 巻　コーパスと多様な関連領域
赤野一郎・堀正広 編